生物中心主义
将实现人类世界观的转变

一个简单但却激进的观点常常撼动知识的基础。"世界不是平的"这一惊人发现,挑战并最终改变了人们对自身的感觉和与世界的关系。对15世纪的绝大多数人来说,"地球是由岩石构成的圆球"这一概念是荒谬的。量子理论实验的发现,使整个西方自然哲学再一次经历巨大变化。同时,这些发现令我们对传统物理学对宇宙的起源和构成的解释的怀疑和不确定与日俱增。

《生物中心主义》完成了世界观的这一转折,它用革命性的观点把这个星球倒转了过来。其观点是,**生命创造了宇宙,而不是相反**。在这种理论范式看来,生命并不是物理法则的一个偶然副产物。

通过一位深受赞许的生物学家的观点和前沿天文学家的讲述,《生物中心主义》展现了一个完全不同的宇宙——我们自身,引领读者走上一个看似不可能但最终不可避免的旅程。从物理学转换到生物学的观点,打开了西方科学不经意间自我禁锢的囚笼。《生物中心主义》打破了读者关于生命、时间和空间甚至死亡的观念。同时,它把我们从生命不过是碳元素等少数其他元素的混合物这一沉闷的世界观中解放出来,并提出了令人愉快的可能性——就根本上而言,生命是不朽的。

《生物中心主义》唤起读者对一种新的可能性的感觉,书中充满许多令人震惊的新观点,将使读者不再用原来的方式观察真实的世界。

科学可以这样看丛书

生物中心主义

为什么生命和意识
是理解宇宙真实本质的关键

〔美〕罗伯特·兰札（Robert Lanza）
鲍勃·伯曼（Bob Berman） 著

朱子文 译

重庆出版集团 重庆出版社
果壳文化传播公司

BIOCENTRISM by Robert Lanza,MD,and Bob Berman
Copyright ⓒ 2009 by Robert Lanza,MD and Bob Berman
Published by arrangement with Writers House, LLC.
Through Bardon–Chinese Media Agency
Simplified Chinese edition copyright:2011 Chongqing Publishing House
All Rights Reserved
版贸核渝字(2011)第 127 号

本书中文简体字版由科学工厂版权代理公司授权重庆出版集团·重庆出版社在中国大陆地区独家出版发行，未经出版者书面许可，本书的任何部分不得以任何方式抄袭、节录或翻印。

版权所有　侵权必究

图书在版编目(CIP)数据

生物中心主义:为什么生命和意识是理解宇宙真实本质的关键/(美)兰札(Lanza,R.),伯曼(Berman,B.)著;朱子文译. —重庆:重庆出版社,2012.2 (2020.10重印)

(科学可以这样看丛书/冯建华主编)
ISBN 978-7-229-04668-2

Ⅰ.①生… Ⅱ.①兰… ②伯… ③朱… Ⅲ.①生命哲学 Ⅳ.①B083

中国版本图书馆 CIP 数据核字(2011)第 227579 号

生物中心主义

SHENGWU ZHONGXIN ZHUYI

——为什么生命和意识是理解宇宙真实本质的关键

〔美〕罗伯特·兰札　鲍勃·伯曼 著　朱子文 译

责任编辑:连　果
审　　校:冯建华
责任校对:李小君
封面设计:邱　江

重庆出版集团
重庆出版社　出版

重庆市南岸区南滨路162号1幢　邮政编码:400061　http://www.cqph.com
重庆出版集团艺术设计有限公司制版
重庆市国丰印务有限责任公司印刷
重庆出版集团图书发行有限公司发行
全国新华书店经销

开本:720mm×1 000mm　1/16　印张:12.25　字数:152千
2012年2月第1版　2020年10月第10次印刷
ISBN 978-7-229-04668-2
定价:32.80元

如有印装质量问题,请向本集团图书发行有限公司调换:023-61520678

版权所有　侵权必究

Praise For Robert Lanza's Essay "A New Theory Of The Universe", On Which Biocentrism is Based

对"宇宙新理论"的奠基之作——《生物中心主义》的赞语

"与《时间简史》一样,这篇文章确有激发性,让生物学进入了整体……这本书会对许多不同学科产生吸引力,因为它用新的眼光审视现存的老问题。最重要的是,它让你思考。"

——E.唐纳尔·托马斯(E.Donnall Thomas),
1990年诺贝尔生理和医学奖获得者

"本书是名副其实的大师之作……意识创造真实的观念得到量子论的支持……也与生物学和神经科学的某些现象相符,道出了我们存在的构成。正如我们现在所知的那样,太阳并未真正运动而我们却在运动(我们是活性剂),所以(这本书)指出,我们就是给一切可能结果(我们称之为'真实')的特定构形赋予意义的实体。"

——罗纳德·格林(Ronald Green),
达特茅斯学院伦理研究所主任

"罗伯特·兰札这位世界知名的科学家跨越了许多领域,从药物传输到干细胞,到阻止动物濒危,无疑是我们时代最有才华的人之一,又写出了一篇好文。'宇宙的新理论'深入考察了我们在最近几个世纪获得的全部知识……他在生物学的局限中置入的观点,迫使我们理解周围的存在和外在宇宙的更大真相。这一新理论对未来几个世纪的自然法则观念肯定有革命性的改变。"

——安东尼·阿塔拉(Anthony Arala),国际公认的科学家,
维克森林大学医学院再生医学研究所主任

To
Barbara O'Donnell
on the occasion of her ninetieth year

正值
芭芭拉·奥唐尼尔 90 岁寿辰之际，
谨以此书献给她

Acknowledgments

致　谢

作者要向本书的出版人格伦·耶费什(Glenn Yeffeth)、兰纳·耐斯比特(Nana Naisbitt)和罗伯特·法根(Robert Faggen)以及乔·帕帕拉多(Joe Pappalardo)致以谢忱,感谢他们对本书的宝贵支持。我们还要感谢艾伦·麦克耐特(Alan McKnight)为本书绘制的插图,贝勃·马西埃森(Beb Mathiesen)对本书的附录提供的资料。当然,没有我们的代理人艾尔·朱克曼(Al Zuckerman)的帮助,本书就不可能出版。

本书中不同篇幅的资料散见于《新科学家》(*New Scientist*)、《美国学者》(*American Scholar*)、《生物和医学观察》(*Perspectives in Biology and Medicine*)、《扬基》(*Yankee*)、《卡泊周刊》(*Capper's*)、《格雷特》(*Grit*)、《世界与我》(*World and I*)、《太平洋探索》(*Pacific Discovery*),以及几个文献性杂志《西马伦河评论》(*Cimarron Review*)、《俄亥俄评论》(*Ohio Review*)、《安提格尼斯评论》(*Antigonish Review*)、《得克萨斯评论》(*Texas Review*)和《高原文学评论》(*High Plains Literary Review*)。

目录

1 □ 致谢
1 □ 导言

1 □ 第1章 泥泞的宇宙
7 □ 第2章 一开始,世界上有……什么?
13 □ 第3章 树倒下的声音
17 □ 第4章 光明与行动
25 □ 第5章 宇宙在哪里?
31 □ 第6章 时间中的芭布丝
37 □ 第7章 明天到来的前天
49 □ 第8章 最令人惊异的实验
67 □ 第9章 金凤花的宇宙
77 □ 第10章 无可失却的时间
91 □ 第11章 空间之隔
105 □ 第12章 帷幕后面的人
111 □ 第13章 思维的风车
117 □ 第14章 天堂中的坠落
121 □ 第15章 创生的建构
125 □ 第16章 这是什么地方?
135 □ 第17章 科幻成真
141 □ 第18章 意识之谜
153 □ 第19章 死亡和永生
161 □ 第20章 我们何去何从?

165　□　附录1　洛伦兹转换
169　□　附录2　爱因斯坦相对论与生物中心主义
175　□　译注
180　□　关于作者

Introduction

导　言

我们对整体宇宙的理解已经走进了死胡同。自从 1930 年最初发现量子物理学以来,对它的"含义"一直充满争议,而现在我们对它的理解并不比那个时代更深入。数十年来,一个"万有理论"(the theory of everything)就要出现的承诺,是由这数十年中既没有证明也无法证明的主张——弦理论(string theory,又称"弦论")的抽象数学支撑着的。

但是还有比这更糟糕的事。直到最近,我们还自认为知道宇宙是由什么组成的,但实际上,宇宙的 96% 是由暗物质和暗能量构成,并且事实上我们对它们是什么却一无所知。我们接受了大爆炸学说,尽管用它来解释我们的观测越来越左支右绌(就像 1979 年接受人们所知的通货膨胀指数增长期那样,物理学对此基本上一无所知)。而大爆炸理论对宇宙的最大秘密之一:为什么宇宙精心呵护着生命? 也没有答案。

其实,我们对宇宙基础的理解正在眼睁睁地看着其倒退。我们收集到的数据越多,对理论的扭曲就越大,或以毫无价值为由对新的发现不屑一顾。

本书提出了一个新的观点:如果不考虑生命和意识,我们当前关于物质世界的理论是无效的,也绝不会使它有效。本书提出,经过数十亿年无生命的物质过程之后,并非迟来的和次要结果的生命与意识,绝对是我们理解宇宙的基础。我们把这个新观点称为"生物中心主义"。

在这种观点看来,生命并不是物理法则的偶然副产物,也不是从小学起别人教的那样,生命的本质或历史与宇宙一样,就如撞球游戏一般枯燥乏味。

通过生物学家和天文学家的眼睛,我们将打开囚笼之锁,西方科学在这个囚笼中不知不觉地禁锢着自身。21世纪将是生物学的世纪,将从此前由物理学统治的世纪发生转折。那么,以这种方式开始新的世纪似乎是合适的:把宇宙由内向外作一个翻转,并且把科学的基础统一起来,其方法不是用充满想象的、看不见的维度虚构的弦,而是用一种更简单的观念来统一。这种简单的观念充满了许多令人震惊的、我们再用过去的方法就无法看清楚现实的新观点。

生物中心主义似乎要与当今的理解从根本上分道扬镳。确实如此,但这些端倪已经出现在我们的身边长达数十年。生物中心主义的某些结论,可能与东方的宗教或新纪元运动哲学(New Age philosophies)的一些方面有共鸣。这令人感到十分有趣,但不必担心,本书中并没有新纪元主义运动的内容。生物中心主义的结论是建立在主流科学基础之上的,并且是某些最伟大的科学思想的合理扩展。

生物中心主义巩固了物理学和宇宙学的一系列新研究的基础。本书将展示生物中心主义的原理。这些原理都建立在既有的科学之上,并且对当代物质宇宙的理论提出了反思。

1 Muddy Universe

第 1 章
泥泞的宇宙

宇宙不仅比我们假设的奇怪,而且比我们能够假设的更奇怪。
——约翰·霍尔丹(John Haldane):《可能的世界》(1927 年)

整体而言,世界并不是我们的教科书中所描述的那个所在。

大概从文艺复兴开始,几个世纪以来,宇宙构造的单一思维统治着科学思想。这种模式让我们以不容置疑的眼光去看宇宙的性质——其无数的应用都使我们生活的各个方面发生了改变。但是,这种模式的使用寿命正在终结,需要用一种根本不同的、反映更深度真实的模式来取而代之,而现在这种模式却被完全忽视了。

这个新的模式并不像 6 500 万年前改变了生物圈的流星撞击那样突如其来,而是深刻地、逐渐地像地壳构造板块般的变化,其基础隐藏极深,而一旦它们出现,就再也不会回头。它的源头隐藏在潜在的合理的忧思之中,对此,今天每一位受过教育的人都感同身受。它并非存在于一个令人怀疑的理论之中,也不存在于对当前在设计中的、能够解释宇宙的大统一理论(Grand Unified Theory)这一值得称道的困惑的矛盾之中。它所涉及的问题之深,以至于每个人其实都知道,我们对宇宙的设想是扭曲的。

在很近的一段时期中,旧的模式认为,宇宙是粒子相互碰撞的无生命的集合,服从于预定的规则,而这些规则的起源却是神秘的。宇宙就像钟表那样,会以某种方式给它自己上紧发条,并且考虑到一定程度的量子的不规则性,会以一种半可预知的方式(a semi-predictable way)放松发条。生命最初被一个未知的过程唤起,然后生命形式就按照达尔文的进化机制持续不断地改变,而达尔文的进化机制则是按照同样的物理规则运转的。生命是具有意识的,但意识却难以理解。总之,生命只是生物学家研究的问题。

但问题是存在的。意识不只是生物学家的问题,也是物理学的问题。你脑子里的一群分子怎样使意识产生,现代物理学什么都没解释。落日的美丽景观,恋爱的奇迹,对美食的味觉——这些对现代科学来说都是神秘的。意识是怎样从物质中产生的,科学对此无法做出解释。我们当前的解释模式完全没有考虑意识,我们对存在的最基本现象的理解,说到底还是零。有意思的是,现有的物理学模式甚至不承认这是个问题。

意识再次和完全与其不同的物理学领域相遇了,这并非巧合。众所周知,量子理论有惊人的数学有效性,但在逻辑上却无法解释。如我们在后面的章节中会详细探讨的那样,粒子似乎对有意识的观测者有回应表现。因为这不可能是正确的,所以量子物理学家认为量子理论对此无法解释,要么就提出精深的理论(比如有无数的"交替宇宙"之类)来解释这一现象。最简单的解释是:亚原子粒子实际上与意识在某个层面上有相互作用,但这个解释模式远不值得认真考虑。不过有趣的是,物理学的两个最大秘密都与意识有关。

暂且把意识这个问题放在一边。要解释我们宇宙的基本问题,当前的解释模式还是有很多让人想入非非的余地。用泰坦尼克号事件式的幽默来讲,那个被称为"大爆炸"的宇宙(按照最近的改良说法)在137亿年前突然从虚无中蹦了出来。我们并不真正理解这场大爆炸从何而来,所以就要不断地用细节来修补它,包括用我们现在仍然不懂的物理学来增加一个宇宙的膨胀时期,为了与我们的观察一致,这个细节还是有必要的。

第1章 泥泞的宇宙

一个六年级学生对宇宙最基本的问题提问，比如，"大爆炸之前又是怎么回事呢？"假如教师懂得够多，他会胸有成竹地回答道："大爆炸之前没有时间，因为时间只能跟物质和能量一起产生，所以这个问题没有意义，这个提问就像问北极的北边是什么一样。"这个学生就坐下来再不提问了。每个人都假装学到了某些真正的知识。

而某个人会问："正在膨胀的宇宙要膨胀到哪里去？"教授还是胸有成竹地回答："你不能在没有对象的定义之前就有空间的概念，所以我们必须描述宇宙，使它与自身的空间一起进入一个更大的尺度中去。如果用'从外面'看的方式去想象宇宙也是错误的，因为宇宙之外什么都不存在，所以这个问题毫无意义。"

"那你能不能至少讲一下'大爆炸'是什么吧？对于大爆炸有没有什么可以解释的？"多年来，与我共同写书的朋友感到无聊的时候，他会对他的大学生引述这个标准回答，就像是下班后的记录一般："我们在空洞的空间中观察到粒子的物质化过程，然后粒子就消失了，这就是量子力学的波动。假如有足够的时间，就会预料到这样的波动会涉及到很多粒子，一个完整的宇宙就会出现。如果宇宙确实是量子的波动，它就会呈现我们观察到的那些性质！"

学生移动了一下他的坐椅。确实是如此！宇宙是量子的波动！终于明白了。

可是，就连这个教授自己，在他独自静思的时候，至少也有那么一会儿，对大爆炸之前的星期二是什么样的感到大惑不解。连他自己在内心深处都意识到，虚无中永远不可能有什么东西产生出来。大爆炸对于事物的起源丝毫作不出解释，它充其量不过是一个连续统一体（a continuum）过程中的单一事件的局部描述，而这个连续过程也许是无穷无尽的。简而言之，对宇宙的起源和性质最广为人知和通俗的"解释"之一，是宇宙在似乎要抵达它的中心点时，以极短的瞬间在一堵光秃秃的墙面前突然刹车。

在整个人群的队列当中，当然会有几个人注意到，皇帝似乎克扣了自己的所有服装的预算。尊敬权威和承认理论物理学家是才华横溢的人，即使他们在自助餐馆把食物直接滴进嘴里也是如此。但是，在某些观点上,其实人人都想过,至少感觉到:"这真的没用啊。这并不能解释任何本质的东西,真的不能啊。所有的事情,从头到尾,都让人不满意。听上去不真实,感觉上也不对。它没有回答我的问题。在覆盖满常春藤的围墙后面有种腐烂的东西,比兄弟会的橄榄绿队员放的屁还臭。"

当前的解释模式面对的问题越来越多,就像蜂拥到正在沉没的轮船甲板上的成群老鼠一样。现在已经清楚的是,我们热爱而熟悉的重子物质(baryonic matter)——就是我们所看到的每一种东西,还有那些具有外形的一切东西,加上所有已知的能量——在宇宙中突然刚好减少了4%。其中宇宙还有大约24%的暗物质(dark matter)。宇宙中真正包含的东西突然成为暗能量(dark energy)。暗能量是形容某种绝对神秘的物质的术语。顺带说一下,空间的膨胀正在增加而不是在减少。几年之内,宇宙的基本性质就会显现出来,哪怕站在办公室饮水机旁边的人,对此没有留意也是如此。

过去几十年中,有许多我们所知的关于宇宙结构基本悖论的重要讨论。为什么物理学定律使动物的存在刚好平衡?例如:如果大爆炸的强度再多出一百万分之一,它就会极快地冲出银河系,并且不会产生生命。如果强大的核力减少2%,原子核就不会聚集起来,那么普通的氢就是宇宙中仅有的一种原子了。如果引力场被一根头发丝减小,行星(包括太阳)就不会被激活。在太阳系和宇宙中的200多个物理参数中,正好有3个参数十分精确,所以很难令人认为它们是随机的——即使那就是标准的当代物理学最直接的看法。这些基本的宇宙常数,任何理论都无法预测的常数,似乎都被加以小心的选择,通常极为精确,以便为生命和意识的存在留下余地(是的,意识再一次抬起了它那矛盾不安的头)。旧的物理学模式绝对无法合理解释这些问题。但是,正如我们将会看到的那样,生物中心主义却给出了解答。

问题远不止于此。充满才华的方程式准确地解释了运动的变化莫测,但与观测到的事物在小尺度上的表现却相矛盾。(或许要做适当的标示:爱因斯坦的相对论与量子力学是互不相容的。)当宇宙起源的各种理论遇到大爆炸这样的非常事件时,就戛然而止了。力图把所有性质的力合并起来,使之产生最基础的统一性——当前最时髦的是弦理论——

第1章 泥泞的宇宙

至少还需要新增加 8 个维度,而这些维度毫无人类经验的基础,也无法得到实验的证实。

而现实情况是,当今的科学极为擅长解决不同问题的协调性。时钟已被拆解开来,我们能够准确地计算出每一个轮子和齿轮上的齿牙数,并且确定旋转的飞轮的转速。我们知道火星转动一周是 24 小时 37 分 23 秒,这个数据的测量绝对可靠。但使我们感到迷惑的是一幅巨大的图景。我们提出了暂时的方案,我们从不断扩展的物质过程的知识中创造了精致的新技术,我们运用新的发现让自己眼花缭乱。我们在一个领域中为所欲为,却不幸地把一切最基本的问题都包罗起来。宇宙作为一个整体,我们称之为真实事物的实质究竟是什么呢?

对整体宇宙的解释现状做一个诚实的象征性概括,那就是:一个沼泽地。在这个特定的沼泽地中,一定要规避常识的短吻鳄。

对如此之深的和基本问题的回答,传统上本来是宗教的分内之事,但宗教界却采取了拖延或回避的策略,宗教很善于这么做。每个思考者都明白,隐藏在游戏棋盘最后方格中的是难解之谜,要避开它却不可能。所以,当我们做完了解释、讲完了过程和原因之前的原因时,我们就说"上帝创造了它"。本书现在不准备讨论精神信仰,也不打算判定这条思维线索是对的还是错的。本书只是对神性赋予的、迫切需要的某些现象做出观察:它承诺探寻某种约定的终极。就在一个世纪之前,无论何时,科学家在手头上的问题达到真正的深度和无法回答的部分时,其科学论文照例都要引据上帝和"上帝的荣耀"。

这种谦卑现在已经很匮乏。上帝当然已经被抛弃了,在严格的科学研究过程中这是合适的,但是并没有出现另外的实体或装置来代替最终的"我没有线索"。相反,某些科学家(这让我想起了斯蒂芬·霍金〈Stephen Hawking〉和已故的卡尔·萨根〈Carl Sagan〉)都坚持认为,"万有理论"(the theory of everything)就在身边,于是我们立即就会从本质上明白一切。

但这并没有发生,也不会发生。其原因并非努力或智力的缺乏,而是因为最根本的世界观有缺陷。所以,重叠在以前理论的矛盾之上的,是与令人沮丧的规则一起突然出现在我们意识中的、一个新的未知层面。

但是，有一个解决办法在我们的掌握之中，随着旧模式的失败，这个办法的反复暗示使我们意识到，有一个答案在悄悄地看着我们。这就是最根本的问题所在：我们忽视了宇宙的一个至关重要的构成要件，因为我们不知道该怎样做而步入了歧路。这个构成元件就是意识。

2 **In the Beginning There Was…What**?

第 2 章
一开始,世界上有……什么?

> 万物为一。
> ——赫拉克利特(Heraclitus,公元前540—前480):《论宇宙》

一个人的职业,主要是将科学方法扩展到他的专业外围——在细胞水平上做干细胞研究、动物克隆、逆转生命老化过程——他对自己专业的局限性该作何解释呢?

我们的科学对生命的解释很多,能解释的甚少。不妨例举日常生活的观察来说明。

不久前,我走过自己居家的那个小岛的堤道。池塘幽暗而平静。我停下脚步,关掉手中的电筒,道路边上,几个奇怪的发光物体吸引了我的目光。我以为它们是一些叫做发光真菌的蘑菇(*Clitocybe illudens*),这种蘑菇的发光冠盖正在吸取腐败树叶中的养料。我蹲下来用手电筒查看其中的一个,发现它们其实是发光的萤火虫。这是欧洲的金龟子的发光幼体,学名叫做"雌大萤火虫"(*Lampyris noctiluca*)。在它小小的分段为卵形的身体中存有一种原始属性,就像5亿年前从寒武纪的海洋中爬上岸的某种三叶虫那样。现在,金龟子和我,是彼此进入对方世界的活物,从根本上讲一直都有联系。我关掉了手中的电筒,金龟子就不再发出淡绿色的光。

我不知道,我与金龟子的这个小小的互动与宇宙中的其他某两个物体的互动是否不同。难道这种原始的小金龟子是原子的另一种聚集——蛋白质和分子的旋转,就像围绕太阳旋转的行星那样?这种聚集能否用机械的逻辑来理解呢?

物理学和化学定律确实能够解决生命系统的基本生物学问题。作为一个医学博士,我能详细背出化学基础和动物细胞的细胞机制:氧化、生理代谢、碳水化合物、脂肪、氨基酸类型。但是,这只发光的小虫子的含义比它的生物化学功能的总和要多得多。仅仅观察细胞和分子是不能充分理解生命的。反过来说,物质的存在不能与协调动物的生命和感知及经验的结构相脱离。

看来这个生物就是它自身物质实体范围的中心,正如我是自己的中心一样。我们不仅通过意识的彼此纠缠而产生了联系,也不仅由地球上39亿年生物史的这同一时刻而产生了联系,更因为某种神秘的和暗示性的东西——一种表达宇宙自身模板的图式(pattern)——使我们产生了联系。

艾尔维斯(Elvis)的邮票极为稀少[1],它向外来访客讲述的内容远多于快照上凝固的流行音乐史。与此相同,倘若我们以正确的态度理解的话,一只腹足类动物讲述的故事可能照亮最深的虫洞(wormhole)[2]。

虽然金龟子蛰伏在黑暗中,但它却长有微小的步足,这些步足顺着它分段的身体排列着,那上面有向它的脑细胞释放信号的感应细胞。也许,这个生物过于原始而无法搜集数据,所以它不能精确定位我所在的空间位置。也许,在它的宇宙中,我的存在只限于某个巨大的和长着毛发的阴影,在空间中稳稳地拿着手电筒。我不知道是否如此。我站起身来走开,笼罩在这个萤火虫的小世界之上的疑惑便消散了。

迄今为止,我们的科学并没有认识到生命的这些特殊性质,而这些性质却是物质实体产生的基础。在这种世界观中,生命和意识是理解更大范围的宇宙的基础——生物中心主义——以客观经验为中心,我们把它称为与物质过程有关的意识。

这是一个巨大的谜。我站在当代伟人和值得赞美的思想的肩上,并得到很多帮助,终生致力于探索这个谜。我还得出这样的结论:在把生物学置于其他科学之上,避开其他的学科而去尝试发现"万有理论"(the theory of everything,TOE)时,将会使前辈们立下的成规受到冲击。

人类基因组图谱的宣告绘成,我们已经接近到了解大爆炸之后第一秒时间的情况,某种兴奋和激动之情撩动着我们人类追求圆满和完整的固有意愿。

但是,这类广泛的理论大多未能考虑一个残酷的因素:我们创造了这些理论。正是生物性的动物设计了这些故事,实施了观察,并为事物命名。这使我们极大地扩展了视野,但科学并没有对当今最熟悉、最神秘的事物——意识知觉给予正视。如像爱默生在面对他那个时代的肤浅的实证主义时写的散文《经验》(Experience)中所说:"我们已经明白,我们不能直接地看,而要中庸地看,我们无法纠正自己带有偏见和扭曲的透镜所犯的无数错误。也许这种主观的透镜具有创造力,但也许并不存在什么客观对象。"

以其名字为大学校园和市镇命名的乔治·伯克利(George Berkeley)得出了类似结论,他说:"我们能感觉到的,不过是我们自己的感觉。"

不经意地看,生物学家也许不可能是新的宇宙理论的原创者。但某些宇宙学家预测,当生物学家们相信他们以胚胎干细胞的形式发现了"宇宙细胞"(universal cell)的时候,20年以后,可能会发现宇宙统一的理论。生物学家最终找到"物理学界"与"生命世界"统一存在的理论,也许是必然的。其他的学科能达到这个目标吗?照此看来,生物学确实应该是第一个也是最后一个科学学科。要用人类创造来理解宇宙性质的自然科学揭示的,正是我们自身的性质。

还有一个潜藏很深的问题:我们没有防止科学免于预测论,而预测论已经深入到主流思想之中,以至于它们现在伪装成了事实。19世纪的"以太"(ether),20世纪爱因斯坦的"空间-时间",新千年中用新的维度在各个领域中大行其道的"弦理论",而且还不止是弦,还有"气泡"(bubbles)在宇宙的曲径小道中闪烁,这些都是预测的例子。当今,到处充斥着看不见的维度(在某些理论中多达100个以上的维度),有些维度在空间的每一个点上像碳酸饮料吸管似的向上翘卷。

当前,无法证实的物质的"万有理论"占据上风,这是对科学本身的亵渎,奇怪地远离科学方法的目的,而科学宗旨总是要我们必须无情地质疑每一事物,不膜拜培根所称的那种"精神偶像"。当代物理学已经变得像斯威夫特(Swift)的拉普达王国(Kingdom of Laputa)[3],飘浮在空中的岛屿在危险地飞行,与地面的世界迥然不同。当科学试图像"地产富翁"游戏中的房子那样,用增加和减去宇宙维度的办法来解决理论冲突,而我们的感知却无法理解那些毫无观察和实验证据的维度,这就需要暂停一下,反思我们的教条。一些毫无物质基础的想法随意地抛出来,却不可能得到实验的证明,人们就会感到不解:这还能叫做科学吗?纽约州立大学的相对论专家塔伦·毕斯华斯(Tarun Biswas)说:"如果你不做观察,就不存在与理论相符的观点。"

但也许体系就在这些关键之处破裂,让光芒直接照射到神秘的生命上。

当前的反复无常是出于这个原因:物理学家们想要翻越科学的合法边界。他们最渴望解决的问题,实际上与生命和意识密切相关。但这却是西西弗斯式(Sisyphusian)的任务:物理学不能为他们提供真正的答案。

如果宇宙最基本的问题是由物理学家设法用传统方式创造大统一理论来解决——令人激动而富于魅力的大统一——却不能逆转知识的核心秘密,那么这些理论仍然回避了这一事实:世界的法则以某种方式首先产生了最初的观测者!这就是本书所讲的生物中心主义的核心主题之一:是动物观测者创造了现实,而不是相反。

这不是世界观的微调。所有学科的整个教育制度、语言结构,以及社会公认的"前提"——各种谈话的起点——都要以一个最基本的思维模式为中心,即假定有一个独立的宇宙"就在那里",我们每个人都单独地、暂时地到了它的里面。再进一步假定,我们准确地感觉到了这个先就存在的外在现实,并在它上面扮演小角色,或者什么角色都不扮演。

因此,建构一个可信的代替物的第一步,是用这样的标准观念提出质疑:即使宇宙中没有生命,对它没有任何意识或感觉,它也会存在。尽管

第2章 一开始,世界上有……什么?

要颠覆当代广泛流行的思维观念,一直以来根深蒂固的习惯,或许需要阅读本书的其他部分,并且从不同来源中找到有说服力的当代证据,我们肯定可以从简单的逻辑开始。不可否认,早期伟大的思想家们都坚持认为,要用新的方式去看宇宙,用逻辑思维就足矣,而无须用复杂的方程式或花费500亿美元的粒子对撞机去获得的实验数据。实际上,不用感觉,有那么一丁点儿思想就会明白,真实是不可能存在的。

没有观看、思考和倾听——简而言之,意识有其无数的方面——我们能知道什么呢?我们可以相信和断言,即使一切生物都不存在,在我们身外也有一个宇宙,但这个看法仅仅是一种思想,而思想需要一个思维的生物体。没有生物体,难道真的会有什么存在吗?我们会在下一章中对此做更多细节的探究,而现在,我们可能会觉得这些探究的线索有些哲学的意味。最好避开阴沉的沼泽之地,仅用科学来回答这些问题。

因此,我们将姑且承认,我们已经清楚和明白地认识到存在必须开始于生命和感觉。确实,如果没有任何一种意识,存在又有什么意义呢?

就拿表面上不可否定的逻辑来说,你的厨房总是在那里,无论你是否在厨房,里面的东西都呈现熟悉的形式、形状和颜色。晚上你关上灯,走过门厅回到卧室。厨房当然还是在那儿,一整夜你都看不到它。对不对?

但思考一下。冰箱、炉灶和其他东西,都是由物质/能量的闪光群集所构成。量子理论(我们将用两章的内容讨论它)告诉我们,单个的亚原子粒子事实上并不存在于特定的位置上,而只是以不显现的几率分布存在。在观测者在场的情况下——比如说,当你回到厨房去拿一瓶水时——每一个粒子的波函数都坍塌了,它才呈现为实际空间位置和物质实体。这时,它只是一个概率的群集。且慢,如果这扯得太远,那就忘掉量子力学的疯狂而用日常科学来说吧,同样会出现相同的结论。因为你所知的厨房的形状、颜色和形式,都如单独看到它们那样,由于天花板上的灯泡发出的光线的光子反弹在各种物体上,然后通过一套复杂的视网膜和神经介质在你的大脑中发生相互作用。这是不可否认的——是七年级的科学基础知识。问题在于,光并没有颜色,也完全没有任何可视的特性,我们将在下一章明白这一点。因此,你可能会想,你不在厨房时,而记忆中的那个厨房还在"那里",而真实的情况却是,当意识没有相互作用时,与你有距离的厨房与你想象中的它可能是什么样已不相同了。(如果看起来这不可能,别急——这是生物中心主义中最容易、最显而易见的方面。)

实际上,正是在这些问题上,生物中心主义关于真实的观念与近几个世纪普遍信奉的观念迥然相异。大多数人,无论是否从事科学,都想象外在世界本身是独立存在的,其外观或多或少与自己看到的相同。按照这个观念,人类或动物的眼睛只是准确地摄取世界的窗口。如果我们没有了窗口,比如死亡,或者眼睛被涂黑和不透光,如失明,也绝不会改变外在真实的继续存在或它被假定的"真实"面貌。无论我们承认与否,树木还在那里,月亮照样发亮,它们都是独立存在的。照此推理,人类的眼睛和头脑的设计,是用来让我们认知事物的真实可见的外观,并不是用来改变事物的外观。事实上,狗可能看到秋天的苹果的形象是灰色的,老鹰可以感知到树叶中的许多细节,而多数生物基本上都理解同样的可见实物,即使没长眼睛也能感知外在的实物。

但并非如此,生物中心主义如是说。

"它真的在那里吗?"这个问题很古老,在时间上固然早于生物中心主义,但它并不是这个问题先入为主的借口。不过,生物中心主义要解释一个观念,却并非另一个观念必须得到纠正。反之亦然:一旦完全理解了生物上的存在之外并不存在独立的外在宇宙,那么其他问题就迎刃而解了。

3 The Sound of a Falling Tree

第 3 章
树倒下的声音

听说过或者想过这个古老的问题吧:"如果森林中有一棵树倒下,没有人在场,这棵树倒下时会发出声音吗?"

如果我们就此对朋友和家人做一个快速测验,会发现绝大多数人的回答是断然肯定的。最近有个人,有点儿生气地回答说:"一棵倒下的树当然会发出声音。"好像这个问题太愚蠢而不值得花费丝毫的时间去想它似的。人们抱有这种态度,实际上是在坚持他们对物体独立实在的信念。显然,占据优势的思维倾向是,无论有还是没有我们,宇宙都存在。这种态度与西方自圣经时代以来的观念一致,"渺小的我"是宇宙的小小的价值和结果。

很少有人思考过(也许有足够的科学背景作为支持),树在森林中倒下时产生声波的真实机制。声音产生的过程究竟是怎样的?这样吧,要是读者允许我对五年级的地球科学做回顾,这里就做一个快速的概述:声音是对某种介质的干扰而产生的,介质通常是空气,尽管声音在密度更大的物质如水或钢铁中传播得更快。树干和树枝猛烈撞击地面时,使空气产生了快速的脉冲波。一个耳聋的人可能会持续感觉到某些这种脉冲波。当脉冲以每秒钟5—30次的频率重复时,皮肤对它们有特别明显的感觉。所以,我们的手感觉到树木倒下了,实际上是空气压力的迅速变化,它通过周围介质的传播而扩散,其传播速度约为每小时750英里(1 207公里)。当空气压缩时,它们就失去了连贯性,直到它的背景中的平衡重新恢复为止。用简单的科学原理讲,在没有脑－耳的生理机制(一整套较大或较小的压缩空气的通道)的情况下,这种情况也会发生。空气的脉动,就是一些微弱而迅速传播的风。风本身并不具有声音。

现在,我们把一只耳朵放在现场。如果有人在附近,空气吹拂在身体上,使耳朵里的鼓膜产生震动,只有当空气的脉动在每秒20—20 000次之间时,才会对神经产生刺激(对于40岁以上的人来说,脉动频率的上限接近每秒10 000次,而对我们这些在震耳欲聋的音乐会中虚掷青春的人来说,就达不到这个频率了)。每秒钟脉冲15次的微风与每秒钟30次的脉冲相比,并无本质的不同,但前者不会引起人对声音产生感觉,这是我们神经元系统的设计使然。在任何情况下,受运动的鼓膜产生刺激的神经把电信号送到脑的一个区域,导致对响声的认知。所以这种经验无疑是共生的。空气的脉冲自身并不构成任何一种声音,这是显然的,因为频率为每秒钟15次的空气脉冲的微风仍然是寂静无声的,无论有多少只耳朵在现场。只有当特定频率范围的脉冲出现时,耳神经结构的设计才让人的意识在瞬间感觉到声响。总之,与空气脉冲完全一样,观察者、耳朵和大脑,是体验到声音的绝对必要条件。外在世界和意识是有关联的。空旷的森林中倒下的一棵树产生的只是无声的脉冲——微吹的风。

某些人会不屑地回答说:"要是没人在场,一棵树当然也会弄出声响来。"这不过是证明他们无法思考没人在场的事情。他们发现这个难题很难解决,就竭力想象自己不在现场却又在现场的情形。

现在想一下,在同样空旷的森林中有个桌子,上面摆放了一只点燃的蜡烛。这并不是一个合理的装置,不过还是让我们假设有个正手持灭火器监控着一切、随时准备行动的护林熊;而我们则要考虑,当没人在场观看时,火焰光的颜色是固有的还是黄色的。

就算我们把量子实验排除在外,在没有观测者在场的情况下,承认电子和其他所有的粒子都具有假定的实际位置(关于这些,后面还有许多内容)。火焰不过是热空气而已,与任何光源一样,它发射光子或电磁能的微小波包(packets of waves),每一个波包都由电与磁的脉冲构成。这

第3章 树倒下的声音

些电磁的瞬间表现,就是光本身性质的完整展示。

从日常经验很容易联想到,电和磁都具有不可见的性质。所以,就这种性质本身而言,要理解这一点并不困难:固有的可见性是不存在的,蜡烛的火焰并没有光或颜色。现在让同样不可见的电磁波冲击人的视网膜,假如(仅仅是假如)电磁波的一个波峰到另一个波峰之间的长度正好在400—700纳米之间,则它们释放出的能量就正好是对视网膜上的800万个锥体细胞产生的刺激。每个锥体细胞依次对相邻的脑神经元发送一个电子脉冲,以每小时250英里(402公里)的速度连续轮流发射,直到电子脉冲抵达头的后部那温暖潮湿的脑枕叶上。在这个部位,有一个神经元复合级联(cascading complex of neurons)与正在到来的刺激发生激化,于是我们主观上就感觉到习惯上被称做"外界"的地方出现的黄色亮光。其他的生物接受到与此完全相同的刺激,也会有某些完全不同的体验,如灰色的感觉,甚至有一种完全不同的感觉。问题在于,"身体之外"根本就不存在一种"浅黄色的"光,充其量存在着一种不可见的电与磁的脉冲。我们有那种称为"黄色的火焰"的体验是完全必要的。再次强调,这是有关联的。

要你是触摸到了某个东西,那会怎么样呢?这东西结实吗?推一推倒下的树干,你感觉到了压力。但这也全然是你脑子里的一种感觉,只是它"投射"到你手指上而已,这种感觉也存在于头脑之中。而且,压力的感觉并不是因为与固体物质接触而引起的,而是由物质外壳上带有负电荷的每一个原子所引起的。我们都知道,同种电荷相互排斥,所以树皮上的电子排斥你自身的电子,而你感觉到了这种电的排斥力,让你的手指不再向它的深处触摸。当你推一棵树的时候,并不是什么硬的东西遇到了别的硬东西,你手指里的原子与空旷的足球场一样空荡,那里面有一只苍蝇蛰伏在5码(4.57米)线上。如果我们需要固体阻碍我们(不是能量场的阻碍),我们的手指可以轻而易举地穿过树干,就像用拳头击穿烟雾那样。

考虑一个更直观的例子——彩虹。这种突然出现在山峦之间的绚丽叠层彩带会让我们心旷神怡。其实,这是因为我们绝对想要彩虹的存在。而当时如果没人在场,就根本不会有彩虹。

15

你可能会想,再不会有这样的景观了,却愣在那儿——这次比以往更真实不虚。对彩虹来说,有3个要件是必需的。必须有太阳,必须有雨滴,在正确的几何位置上还必须有一个有意识的眼睛(或它的替代物:摄影胶片)。如果你的眼睛对着太阳直视(就是说,在对日点上,这个点总是以你的头部的阴影为标志),被阳光照射的水滴会在42度的距离处产生一条围绕着那个精确点位的彩虹。但你的眼睛必须处在这个点位上,在此被阳光照射的水滴的折射光聚合起来,最终形成所需的几何图形。你身旁的另一个人会完成他或她自己的几何图形,他会处在一个圆锥的顶端,看到完全不同的雨滴,因此会看到不同的彩虹。他们的彩虹与你看到的彩虹非常相似,但不一定非要相同。他们的眼睛截获的雨滴可能有不同的大小,较大的雨滴有利于产生更鲜艳的彩虹,同时去掉了蓝色。

那么,如果阳光照射的雨滴就在附近,就像草坪上洒下的水滴,近旁的人可能完全看不到彩虹。你的彩虹就是你自己的。但现在我们要回到正题上:如果没有人在那儿又会怎样? 回答是:那就没有彩虹。眼-脑系统(或它的替代物,一台相机,其结果只能被后来的有意识观察者看到)必须在现场完成几何图形。与真正看到的彩虹一样,要求你在现场,正如彩虹要求有太阳和雨水那样。

很容易明白,在没有任何人和动物在场的情况下,彩虹就不会出现。或者,要是你愿意的话,不妨想象有无数万亿张可能的弓,每一张弓都从下一个极小的边缘中模糊地出现。这些描述都不是推测或者哲学性的解释,而是基础的科学,是任何高中的地理学课上都要遇到的知识。

对彩虹的主观性质几乎没人持有异议。彩虹在童话故事中十分重要,而当初在我们的世界中彩虹却少之又少。只有我们充分理解一座摩天大楼的景象取决于观看者的时候,我们才对事物的真实性产生了第一个必需的飞跃。

这就让我们知道了生物中心主义的第一个原理:

生物中心主义的第一个原理:我们感觉到的真实是与我们意识有关的过程。

4 Lights and Action

第 4 章
光明与行动

    早在我就读医学院之前,早在我研究细胞生命和克隆人类胚胎之前,我就为自然界复杂难解的奇迹感到着迷。某些早期经验使我萌发了生物中心的观点:从我童年时代探究自然,我用 18.95 美元从《田野和溪流》(*Field and Stream*)杂志封底的广告那里购买灵长类小动物来冒险,到我少年时代用小鸡做基因实验,这些都让我后来有幸师从哈佛大学著名的神经生物学家斯蒂芬·库夫勒(Stephen Kuffler)。

    恰如其分地说,我走向库夫勒的道路始于科学博览会。对我来说,科学博览会是抗拒那些因为我的家境而瞧不起我的人的一剂良药。有一次,我妹妹被学校停学之后,校长对我母亲说她不配做家长。我真心诚意地想过,认为可以改善自己的状况。我心怀憧憬,有那么一天,我会获奖,当着那些因我说要进入科学博览会而嘲笑我的老师和同学的面。我投入到一个新的计划中,雄心勃勃地想要改变小白鸡的基因组成,把它们变成黑色的。生物学老师对我说:那不可能,而我父母以为我只是想孵出鸡蛋来,拒绝用车载我到农场去买鸡。

    我没有气馁,独自搭上了巴士和有轨电车,从我斯托顿(Stoughton)的家里上路,来到世界上最有名望的医学研究机构之一的哈佛医学院。我踏上通往前门的阶梯,那些巨大的花岗岩石板都被历代哈佛人磨旧了。

走进门内，我希望得到科学家们的亲切接待，并帮助我努力奋斗。这可是科学，对吗？这就足够了。可是我却没有说服保安人员让我进去。

我觉得自己就像翡翠城（Emerald City）的桃乐茜（Dorothy）一样，宫殿的卫兵叫她，"走开！"我在大楼后面找到一个喘息的时机，想一想下一步该怎么行动。所有的门都是锁上的。我站在一个大型垃圾箱旁边，也许有半小时。这时，我看到一个人向我走来。来人的个头不比我高，身穿T恤衫和咔叽工装裤。我猜他是走到后门来的门卫吧。我这样想着，一下子想出一个进去的办法。

过了一会儿，我们两人都面对面地站在门里面了。"他并不知道也不在乎我在这儿，"我暗自想，"他只是要清扫地板。"

"有什么我能帮你的吗？"他说。

"没有，"我说，"我得找一个哈佛教授回答我的问题。"

"你想找一个特别点儿的教授吗？"

"嗯，其实也不是——是有关DNA和核蛋白的问题。我一直设法在一只白化的鸡身上做诱导黑色素的合成。"我说。我的话遇到了他惊奇的眼光。看到他眼光的变化，我就接着说下去，虽然我敢肯定他不知道什么是DNA。"这么说吧，白化现象是一种染色体隐性疾病……"

我们攀谈起来，我告诉他，我怎样在学校的自助餐厅打工，怎样跟住在街上的门卫查普曼先生是好朋友。他问我，我父亲是不是医生。我笑着说："不是，他是个职业赌徒，赌牌。"就在这个时候，我想，我们成了朋友。我猜，我们终归都是贫困阶层的人。

当然，我并不知道他就是世界知名的神经生物学家斯蒂芬·库夫勒博士，曾经被提名为诺贝尔奖获得者。要是当时他告诉我这个情况，我也许就跑开了。不过，在那个时候，我感觉自己就像是一个导师在对小学生讲课。我对他讲，我在地下室里做的实验，我怎样改变一只白鸡的基因组成，把它变成黑鸡。

"你父母一定为你感到骄傲。"他说。

"他们并不知道我在干什么，"我说，"他们倒是不干涉，只是以为我想孵出鸡蛋来。"

"他们没开车送你来这里吗？"

第4章 光明与行动

"没有。要是他们知道我上这儿来了,他们会杀了我的。他们以为我在树屋上玩去了。"

他坚持要给我介绍一位"哈佛博士"。我犹豫了。他毕竟只是一个门卫,我不想让他惹上麻烦。

"别担心我。"他莞尔一笑说。

他带我走进一个塞满了精密设备的房间。一位"博士"正看着一台仪器,用一个奇怪的手工探针准备把一个电极插到一条毛虫的神经细胞里(当时我还不认识这个"博士",其实他是一个研究生,名叫乔希·桑斯〈Josh Sanes〉。现在他是国家科学院的成员和哈佛大学脑科学研究中心主任)。他身旁一台装有样品的离心机正在不停地转动。我的朋友悄声对博士说了一些什么。嘎吱嘎吱作响的马达声淹没了他说话的声音。博士面带微笑地看着我,眼中带着好奇的神色。

"我等会儿回来。"我新交的朋友说道。

从那一刻起,所有的美梦都成真了。博士和我交谈了整整一个下午。后来,我看了一下钟。"噢,不!"我说,"太晚了,我得走了!"

我急忙赶回家,直奔我的树屋。那晚,我母亲的呼唤声穿过树林,听上去就像火车的鸣笛声:"罗——比!吃饭了!"

没人知道那个晚上的情况——包括我自己在内——我遇到了世界上最伟大的科学家。在20世纪50年代,库夫勒把几个医学原理结合起来,提出了一个完美的观点,融生理学、组织学、解剖学和电子显微镜为一体。他将这个领域命名为"神经生物学"。

哈佛的神经生物学系创立于1966年,库夫勒任系主任。我作为医学专业的学生,最终以他的《从神经细胞到脑》(From Neurons to Brain)一书为教材而毕业。

没想到几个月以后,库夫勒会帮助我进入科学界。我往返多次,与他的实验室的科学家们交谈,他们一边谈话,一边用探针测试毛虫的神经细胞。事实上,最近我偶然发现了那时乔希·桑斯写给杰克逊实验室(Jackson Laboratories)的一封信:"如果你检查记录,你会发现,几个月以前,鲍勃从实验室定购了4只老鼠。这让他一个月内分文不剩。现在他面临的是去参加班级舞会,还是多买几打鸡蛋的选择。"虽然最后我决定参加班级舞会,但我对"感觉运动系统"(意识和动物的感觉)的重要性还是很着迷,所以后来我又回到哈佛,与著名的心理学家 B. F. 斯金纳(B. F. Skinner)一起工作了几年。

哦,还有一件事,我用小鸡的实验项目赢得了科学博览会的奖励。校长不得不当着全校师生的面向我母亲表示祝贺。

与两位美国最伟大的先验论者爱默生和梭罗(Thoreau)一样,我的年轻时代也是在探寻马萨诸塞州充满生命力的森林中度过的。更为重要的是,我发现,每一个生命都有一个宇宙,它自己的宇宙。放眼我的同类,我意识到,每一个人都显然产生一种存在的范围,并明白我们的感觉可以是独一无二的,不过也许并不是特殊的。

我对童年早年的记忆之一,是到院子后面刈过草的野外世界中去猎险探奇,那是树林前面的一片杂草丛生的地带。如今这个世界上的人口比当时翻了一倍,但即使是现在,许多孩子肯定也知道已知的世界终止于何处,令人有点儿毛骨悚然、危险、难以控制的宇宙的开始源自何处。有一天,我越过了文明与野生的疆界,然后穿过灌木丛,来到一棵被葛藤缠绕的古老斑驳的苹果树前。我挤进这棵大树下一个看不见的空地里。这里让我感觉很奇妙,一来是我发现了一个他人不知道的地方;二来,假如我没发现这个地方,它怎么会存在?我对此感到迷惑不解。我是受天主教影响长大的,所以我以为自己在上帝的舞台上找到了一席之地——从某个上天的优势点上,我受到最高的造物主的详察和注视,上帝也许跟我这个医学院的学生一样,有一天会用显微镜审视一滴水中成群漂浮和繁殖的微生物。

在那之前很久,有一些其他的问题让我心神不宁,而我还难以像人类的祖先那样享受冥想的快乐。假如上帝真的创造了世界,那么,上帝又是谁创造的呢?这个问题让我长期深受折磨,后来我看到了 DNA 的照片,又看到气泡室中高能粒子碰撞后产生的物质和反物质的轨迹。我觉得,就本能和智力的层面上讲,如果没有人看到这些现象,就无法解释其存在的意义。

正如我已经暗示的那样,我的家境并不超出罗曼·罗克威尔(Norman Rockwell)的理想[4]。我父亲是个职业赌徒,靠玩扑克牌为生,我

第4章 光明与行动

的三个姐妹都没读完高中。我的姐姐和我都竭力避免在家里挨揍,这塑造了我对生活的反叛性格。我父母除了吃饭和睡觉之外不许我们在屋子里走动,所以我基本上是独处。我沿着溪流和动物的脚印去周围森林的深处漫游。对我来说,沼泽并不泥泞,河床也不危险。我相信,没人见过或去过那些地方。我想象,到目前为止,就绝大多数人所关心的事情来说,那些地方是不存在的。但它们当然是存在的。这些地方与大城市一样,充满了生命,有蛇、麝鼠、浣熊、乌龟和鸟。

我对自然的理解就从这些旅程开始。我把原木翻滚开寻找蜥蜴,爬上树去看鸟窝和树洞。当我思考生命的性质这个更大的存在问题时,我开始产生出一个直觉:学校教我的那种静态的和客观的真实是不对的。我观察到的动物有它们自己对世界的感觉,它们有自己的那种真实。虽然那种真实不属于人类的世界,比如停车场和大型综合商场,但对它们来说却是很真实的。那么,在这个宇宙中究竟在发生着什么呢?

有一次,我看到一棵满身节疤、枝桠枯朽的古树。树的躯干上有一个大空洞,我好似豆茎树上的另一个杰克。我悄悄脱下袜子套在手上,伸手到空洞中去摸索。一只飞扑翅膀的猛击让我惊了一跳,我感觉到鸟的爪子和鸟喙掐入我的手指。我缩回手来,一只长着毛绒绒耳朵的小猫头鹰尖叫着转过头来盯着我。这儿还有其他动物生活在自己的世界中,也生活在一个与我共享的王国中。我让这个小东西走开去,而在回家的路上,我这个小男孩的内心有了些许的变化。我的家庭和邻居的世界,不过是意识栖息在宇宙中的一部分——与我的世界相同又似乎不同。

大约9岁时,人生不可名状、难以捉摸的特质令我非常困惑不安。后来我越发明白,人生中有些事是根本无法解释的,其间有一种我感觉得到的力量,而我却无法理解。有一天,我设下一个诱捕土拨鼠的陷阱。这个土拨鼠的洞穴通到芭芭拉的住宅旁。她丈夫尤金——奥唐尼尔先生——是新英格兰最后的铁匠之一,我走到那里时,注意到他的铺子上面的烟囱盖正在不断地转动着,发出吱嘎吱嘎的声响。突然,这个铁匠拎着一把猎枪出来,还没等我看明白,就开了一枪。烟囱盖的声音戛然而止。不,我对自己说,我可不想让他逮住我。

土拨鼠的洞穴并不容易找到。我家离奥唐尼尔先生的铺子很近,我还记得听到过他锻炉上扇煤的轰轰声。我悄无声息地爬过长长的草地，时不时地惊起一只蚱蜢或蝴蝶。我在草丛下面挖了一个洞，设下我在工具店刚买来的新钢夹。然后我在洞穴上面撒了一些泥土，让陷阱隐藏在洞边的泥土下面，还做了检查，确保这个地方没有石头或树根妨碍金属夹子起作用。最后，我找来一根棍子，手里拿了一块石头，用它反复把棍子敲进地面。其实我这样做是错的。我这样做的时候，没有注意到有人走过来了，所以当听到有人说话时，我着实吓了一跳。

"你在干什么？"

我抬头看到奥唐尼尔先生站在那儿，他的双眼缓慢而好奇地仔细察看着地面，后来他看出有一个陷阱夹子。我一言不发，竭力抑制住自己不哭。

"把夹子给我，孩子，"奥唐尼尔先生说，"跟我来。"

我害怕极了，不敢不听从，就照他说的做，跟着他走进铁匠铺。铺子里是个奇怪的世界，到处摆放着各种各样的工具，天花板上还挂着各种不同形状、不同声音的报时钟。靠墙那边是他的锻炉，敞开正对着卧室的正中间。奥唐尼尔先生打开风扇，把夹子扔到煤火中，一点微火燃了起来，夹子变得越来越热，后来突然一阵风吹来，就倏地燃烧起来。

"这个玩意儿会伤到狗，还会伤到小孩！"奥唐尼尔先生说，又用烘烤钳子捅了捅煤。夹子变红的时候，他把它从锻炉中夹了出来，然后用锤子把它敲打成一个小方块。

在等待那块金属冷却的一小会儿，他什么话都没说。我趁机四下张望，看到屋子里有金属小铸像、报时钟，还有风向标。有个架子上得意地摆放着一个罗马勇士面具。最后，奥唐尼尔先生拍了拍我的肩，举起几张蜻蜓的素描图。

"我说个事儿给你听，"他说，"你去捉蜻蜓，你捉住一只，我就给你50美分。"

我说那会很好玩的。我们分手后，我很兴奋，就把土拨鼠和陷阱夹子的事忘掉了。

第二天一早醒来，我带了广口瓶和捕蝶网到田野去。空气清新，到处是昆虫，花朵上面飞舞着蜜蜂和蝴蝶。可是我却没见到一只蜻蜓。走过

第4章 光明与行动

最后的牧场时,一朵香蒲上有个绒绒的毛穗吸引了我的目光。一只巨大的蜻蜓正嗡嗡地飞来转去。我终于捉住了它,满心高兴连蹦带跳一路回到奥唐尼尔先生的铺子,那是刚从恐怖和神秘变过来的地方。

奥唐尼尔先生拿了个放大镜,把瓶子对着光线,仔细研究起这只蜻蜓来。他取过墙边一些整齐排列的鱼竿和木条,然后轻轻敲击,锻造出一个与真实的蜻蜓完全一样的光彩夺目的小雕像来。不过,他用金属来做雕像,跟这只精美的生物相比,这枚雕像美丽空幻而无实质之感,他没有捕捉到蜻蜓的全部内容。就是在那时,我想知道的是,那只蜻蜓有什么感觉,怎样才能感觉到它的世界?

只要我还活着,我就不会忘记那一天。虽然奥唐尼尔先生已经离开了人世,那只蜻蜓却还在他的铺子里,被灰尘覆盖着。这让我想到,与我们见过的许多凝成实物形状和形式的东西相比,生命中还有更令人迷惑不解的东西。

5 Where Is the Universe?

第 5 章
宇宙在哪里？

本书后面的许多章节会用到有关空间和时间的讨论，特别是量子理论，用以说明生物中心主义的含义。但首先，简单的逻辑必须用来回答一个最基本的问题：宇宙处在什么位置上？这正是我们要与传统思维和共同假设（shared assumptions）分道扬镳之处。有些共同假设是语言与生俱来的。

我们在儿童早期都受过这样的教育：宇宙基本上可以划分成两个实体——我们自身和我们身外的东西。这似乎合乎逻辑而且显而易见。所谓的"我"，通常是由我所能控制的事物来定义的。我能动我的手指，但不能让你的脚趾头动。所以，两分法很大程度上是建立在操控上的。自我和非自我的界限基本上以皮肤为界，这强烈地暗示，我就是这个身体的个体，而不是其他的什么。

当然，肉身躯体消失时，一个人仍然能感觉到自己还能如往常一样还在"当下"、还在"这里"，如某些双腿不幸被截肢的人所体验的那样，主观感觉上并没有减少什么。很容易把这种逻辑作进一步推导而得出这个结论：脑本身就感觉到它自己就是"我"——倘若人工心脏等脏器能维持一个人的头，如果按名册点他的名，它也会回答："在！"

勒奈·笛卡尔（Rene Descartes）把哲学引入了他那个时代。他的核心观念是,意识具有首要作用,一切知识、真理和存在的原理,都必须从个体的思维感觉与自我开始。于是我们就想起了这句古老的名言:"我思故我在"(*Cogito, ergo sum.* 法语)。除了笛卡尔和康德(Kant),当然还有许多哲学家从这个思路展开立论,仅举几个哲学家为例:莱布尼兹(Leibniz)、贝克莱(Berkeley)、叔本华(Schopenhauer)和柏格森(Bergson)。但笛卡尔和康德肯定是有史以来的哲学家中的最伟大者,他们标志着现代哲学史的新纪元。一切都从"自我"开始。

有关自我的意义,人们已经写了很多,整个宗教(例如,四个宗教流派之中的三个,即佛教、禅宗和印度教的主要流派吠檀多不二论〈Advaita Vedānta〉)都力图证明,与巨大的宇宙空间隔绝的独立的自我,本质上是一种幻觉。完全可以这样说,任何情况下通过内省,都会得出这个结论——如笛卡尔非常直白地说过的那样——在正常情况下,思想本身与"我"的感觉是同义的。

思想停止的时候,硬币的正面得到了体验。许多人都有过这样的时刻:他们在凝视一个婴儿或一只宠物,或自然界的某种事物时,一种难以言喻的愉悦和"物我两忘"之情油然而生,全然变成被观察的对象。关于这个现象,1976 年 1 月 26 日的《纽约时代杂志》(*New York Times Magazine*)刊登了一整篇文章,其中披露的调查显示,至少有25%的人,至少经历过一次那种被描述为"与万物融为一体的感觉"和"整个宇宙都充满活力的感觉"。另据报道,600 个被调查者中足足有 40% 的人说,"深信爱是万事万物的中心",并说这种感觉包含着"一种至为深远的宁静"。

是的,够美好的,但那些从未有过"忘我"状态体验的人似乎是平民中的大多数,他们可能会对此不以为然,并把这种感觉归结为理想的憧憬或幻觉。一项调查可能听上去是有科学道理的,但其结论本身并没有什么意义。对于我们理解自我意识需要的远不止这些。

但也许我们不妨承认,当思维放假的时候,某件事情发生了。语言思维的缺乏或白日梦显然不意味着感情麻木和精神空虚。倒不如说,意识的基座好像从不安、紧张的语言隔离的小牢房中逃离了,在剧院的某个区间找到安身之处,这里的光闪烁得更亮,这里的事物感觉更直接,更真实。

到哪条街道上去找这样一个剧院?生命的感觉在哪里?

第5章 宇宙在哪里？

我们可以从自己当下感觉的、周围可见的每一个事物开始——比如你现在拿着的这本书。语言和习惯说，一切都存在于我们外在的世界中。而我们已经明白，凡是与我们的意识没有发生相互作用的事物，都是不能被感觉到的，这就是生物中心主义的第一条公理的含义，即自然或所谓的外在世界必须与意识相关联，两者相辅相成，缺一不可。意思就是说，当我们没有看到月亮时，月亮实际上就消失了——这在主观上是很明显的。如果我们还想着月亮，并相信它在地球外绕着轨道旋转，或知道其他人可能在看着月亮，但所有这些想法不过是心理上的建构。从根本上讲，假如意识完全不存在，月亮会在什么意义上存在？又以什么形式存在？

那么，我们在观察自然时看到了什么？从图像定位和神经力学（neural mechanics）的角度来看，实际上这个问题的回答比生物中心主义的其他方面更为明确。因为树木、青草和你正在看的这本书等事物的图像的感觉是真实的而不是想象的，是在某个位置上确实发生了的。人体生理学课本毫不含糊地回答了这个问题。虽然眼睛和视网膜收集到了释放出微量电磁力载荷的光子，但这些电磁力又通过高强度电缆被直接传输了回来，直到确实在后脑产生图像本身的真实感觉，然后在附近其他位置上被放大，尤其在是那些像银河系的走廊一样既阔大又复杂的区域中被放大，那里面含有的神经元多如银河系中的星星。根据人体生理学课本的说法，这就是颜色、形状和动作"发生"的地方，也是它们得到感觉和认知的地方。

如果你的意识要想进入脑中那个发光的、充满能量的可见部分，开始你会感到沮丧，你可能会敲打自己的后脑勺，有一种特别空虚的空无感。但因为这是一个不必要的练习，所以你其实已经窥探到了脑中可见的部分。现在不妨再来看一下。习惯告诉我们，我们所看到的"外面"，即我们身外的东西，就语言和效用意义上来讲是对的、有必要的，如"请把那边的黄油递过来"这句话的效用。但不要搞错了：那个黄油的视觉形象，即黄油本身，实际上只存在于你的脑中。那才是黄油所在的位置，是视觉形象被感觉和认知的唯一所在。

有些人可能会想象，有两个世界，一个在"外面"，另一个是头颅中的认知世界。但是，这"两个世界"的模式是个神话。没有感觉本身就什么都没有，感觉之外什么都不存在。唯一可见的真实就是现有的，就在面前，就在当下。

所以，"外部世界"就位于脑和精神之中。这当然会让许多人感到非常震惊，即使这对那些脑的研究者来说是显而易见的，使这个问题可能得到更深的思考，也会受到反驳。"是的，但如果某个人是天生的盲人那又怎么说呢？""触摸又会怎么样呢，要是物体不在那儿，我们怎么感觉到它们呢？"

这些都不改变真实性，触摸也是如此。触摸只是在意识或思维的内部发生。黄油的每一方面、每个层面的存在，都不超出一个人的存在。这一切确实让人思维纠结，之所以某些人不愿接受本来很明显的事实，原因是这个含义摧毁了整个并不可靠的世界观，而这种世界观却是我们赖以生活的信念。如果这就是我们当下的意识或思维，则意识就无限地扩展到一切被认知的事物上——后面我们会用整章的内容来讨论空间，对某些事物的自然性和真实性提出质疑。如果我们面对的是意识，就会把科学领域的目标从冰冷、无生命活力的外在宇宙转向研究这类问题，如：你的意识怎样与我的意识相关，怎样与动物的意识有关。但我们暂且把意识的统一问题搁置起来。完全可以这样说，任何包罗万象的统一意识，不仅难以或不可能证明语言的二元性（dualistic languages），而且与语言的二元性根本不相容——这会使得很难用逻辑去理解，从而增加额外的负担。

为什么呢？语言的创造是用来专门加工符号，并把自然划分为各个部分和各种作用的。"水"这个词实际上并非真正的水，这个词与"下雨了"这句话中的"雨"并无对应关系。即使我们很了解语言的局限性和歧义性，如果它表面上显得与习惯的语言结构不一致，我们也必须特别提防对生物中心主义（或任何一个把认为宇宙是整体的认识方法）的过快排斥。在后面的章节中，我们将用更多的篇幅讨论这一问题。这里的挑战在于，不仅要探寻习惯的思维方式，更要超越思维过程本身使用的某些工具，同时以一种更简单、比我们习惯上更高要求的方式来理解宇宙。比如，在符号的王国中，每个事物绝对是在一个时间点上形成的，并且将会最终消亡——即使是山脉也是如此。但是，与量子理论有关的粒子纠缠的各个方面一样,意识仍然会完全存在于时间之外。

有些人最终回归到了"控制"那方面,以此坚持我们自身与外在客观真实的基本区分。但"控制"是一个被广泛误解的概念。虽然我们普遍都相信,云的形状、行星的旋转,以及我们自身肝脏生产出的数百种酶,"全都是它们自发的",但我们仍然习惯地认为,我们的精神具有独一无二的自我控制特征,这种特征在自我与外在世界之间划出了界限。事实上,当前的实验无可置疑地证明了脑的电化学联系,其神经脉冲的运行速度为每小时240英里(386公里),这使脑做出决定的过程比我们意识到的更快。换句话说,脑和精神的运作也是自发的,不需要我们思维的任何外在干预,它们也是偶然地自发出现的。因此,在很大程度上,控制也是幻觉。正如爱因斯坦所说:"我们想要自己去行动,但我们自己无法让意志去行动。"

这个领域中被引述得最多的,是20世纪80年代前做的实验。研究人员本杰明·利贝特(Benjamin Libet)要求受试者随机选择时间做一个手的动作,同时把脑电图仪(electroencephalograph, EEG)的监视器与受试者相连,该仪器能监测到被称为脑内的"准备电位"(readiness potential,又称为"潜意识电位")。电信号当然总是先于受试者实际发生的生理动作,但是利贝特想知道,电信号是否也先于受试者想做动作的主观感觉。总之,有没有某种主观的"自我"有意识地决定要做某件事,从而就要启动脑的电活动而最终引发行动呢?或者正好相反?因此,就要求受试者刚一感觉到有移动手的最初意图时,注意看时钟秒针的位置。

利贝特的发现始终如一,这或许并不令人意外:在受试者感觉要做决定的意识之前,无意识、无感觉的脑电活动已经出现了整整0.5秒钟。2008年,利贝特宣布做了更新的实验,这些实验分析了独立的和更高阶的脑功能,使他的研究团队能够超前多达10秒对一位受试者的哪只手准备抬起作出预测。对于认识到做决定的意识来说,10秒钟就近乎于无限长久了,一个人的最终决定可能会在受试者尚未意识到之前的很长时间里就被脑扫描看到了。这一实验和其他实验都证明,脑在下意识层面上自发地做决定,而人们则只是在这之后才感觉到"他们"做了一个有意识的决定。这意味着,与心脏和肾脏幸运的自主运转不同,我们终其一生都在想,脑的运转是由握着控制杆的"我"在负责的。利贝特得出结论,个人的自由意志感,产生于对脑中持续流动的事件的习惯性回顾的看法。

那么,我们从上面所讲的内容中得出什么?

第一,我们确实自由地享受着生命的展开,包括我们获得的无拘无束的生活,对控制常常怀有的负疚感,以及免于陷入困境的强烈需要。我们可以放松,因为我们会自然而然地这样做。

第二,对本书和本章来说更重要的观点是,当代脑科学知识说明,出现在"外面"的事物,其实就发生在我们自己的思维中,其视觉和触觉的体验并非在某个外在无关联的位置上,那个我们习惯上认为与我们自身有距离的地方。环视周围,我们看到的其实只是自己的思维,或许,最好是认为,外在和内部两者间的关系并没有真正的分离。相反,我们可以把一切认知都判定为我们体验的自我与弥漫在宇宙中的无论什么能量场的混合物。为了避免这种表达的别扭,我们将把它简称为"认识"(awareness)或"意识"(consciouness)。记住这些(并非有意的双关语),我们将明白,任何"万有理论"为什么必须与生物中心主义合并起来,如果不是这样,那就是一列不知开往何地的火车。

小结:

生物中心主义的第一个原理:我们感觉到的真实是与我们意识有关的过程。

生物中心主义的第二个原理:我们的外在和内在感觉是难解难分的。它们是同一枚硬币的两面,是不能分开的。

6 **Bubbles in Time**

第6章
时间中的芭布丝

在滴滴答答的时钟声中找不到时间的存在。在人类的经验中，真正给人最强烈感觉的，是生命的语言。

我父亲刚才把她推到了一边。后来他又打了芭布丝。

我父亲是个老派的意大利人，对抚养子女抱着陈旧的观念，现在我难以清晰地写出那段很久以前发生的事。那天（发生的事不是孤立的）芭布丝蒙受的屈辱是那么可耻，40年以后我还记得很清楚，仿佛就在昨天。

我和贝佛莉（Beverly）——"芭布丝"（Bubbles）——之间的友爱至深至浓。因为她是我姐姐，所以她总觉得保护我是她应该做的事。即使是现在，回忆我的童年时代的那些日子仍然让我感到痛苦。

我能回想起新英格兰的那个寒冷的早晨，就像你曾经想感觉你的脚趾尖一样。我像平常那样站在学校的巴士站前，戴着露指手套，揣着午饭盒。这时候，街坊里的一个年长男孩把我推到在地上。我现在已想不起究竟出了什么事。我无意自称完全无辜。当时我躺在人行道上，很无助地望着他说："让我走，"我哭着说，"我要起来。"

我还躺在地上，身上感到很冷很痛。这时候，我抬眼看到芭布丝从路上跑过来。她跑到车站，看了那个男孩一眼，我从她的眼光中意识到那男孩立即感到害怕了。就为了她这一眼，我深怀感激。"你要是再敢动我小弟弟一下,"她说,"我就打扁你的脸。"

我猜,我一直是她的最爱。其实,我对自己童年最早的回忆就是跟她在假设的医生办公室里玩。"你有点不舒服,"她说,递给我一杯沙,"这是药。喝了它你的感觉就会好些。"我就照办,准备把它喝下去,芭布丝大叫:"不要!"然后一把夺过杯子,就像她要吞下那些沙子一样。(后来我意识到,她那样做只是为了让我相信她,我本来不应该那样做的,但在那个时候,一切就像真的似的。)

很难相信后来成了医生的是我,而不是她。在我的记忆中,她很聪明,十分努力地做好自己的事,曾经是个优等生,所有的老师都喜欢她。但那并不是她的全部。十年级的时候,她退学了,陷入毒品的摧毁之中。我只能把这件事理解成为由于家境太差所致。落在她身上的不幸刚有缓解,却在无意之中又有反复。她挨打、出走,又再次受到惩罚。

我想起芭布丝躲在走廊下的样子,不知道她以后该怎么办。我回想起当时可怕的气氛,我听见穿过楼上墙壁的父亲的声音就发抖。我看到她的泪水在脸上流淌。想到这些,有时我感到不解,竟然没人为她站出来调解,学校、警察,甚或法院指定的社会工作者显然都可以出面。

一段时期之后,芭布丝从家里搬了出去——虽然我对事情的原委感到困惑,但我还是知道,她怀孕了。我依稀回想起她那宽松的衣着,感觉婴儿在她的体内动弹。所有亲戚都拒绝出席她的婚礼时,我拉着她的手,对她说:"太好了!太好了!"

"小芭布丝"的出生是个幸福的情景,是沙漠中的一个生命绿洲。到医院病房的来访者中许多面孔我都认识,有母亲、妹妹,连我父亲也在旁边。芭布丝宅心仁厚,举止是那么快乐,看到大家都在那儿,我本不该感到意外。她多么快乐啊,当我坐在她身旁的床边时,她问我这个小弟弟,愿不愿意给她的孩子做教父。

但就像沥青路上一朵孤独的野花,这一切都是短暂的。我不知道在那一场景中,她为这个幸福付出了什么代价。不久之后,她的问题再度出现时,我看到了不幸的降临:她的锂盐治疗失败了,精神状态开始逐渐恶化,说话越来越缺乏理智,行为特征愈发怪异。我读了很多医学书籍,有单独陪伴她和不受疾病的后续影响的能力,而这对我来说是感情上的事,

第6章 时间中的芭布丝

即使就是在那时,也只能看着别人把她的孩子抱走。对她在医院中的情形我有极深的记忆,完全没有希望康复,唯有靠药物控制病情和镇静。那天我走出医院时,对她的回想与泪水交织在一起。

芭布丝知道,没有什么地方比我们童年居住的那个地方更温馨,那是一段珍贵的祥和时期,没有一个地方比那儿的青苹果树更荫凉。那些苹果树是50年前我的朋友芭芭拉的爸爸种下的。我父母把这所房子卖出去之后,有一次,新房主看到芭布丝坐在路边上,她的肘支在膝盖上。卧室的窗户敞开着,让开放的花香飘然而至。房子旁边的棚架上,野玫瑰依然摇曳。

"请问,夫人,你还好吧?"

"是的。"芭布丝说,"我会很好的。她——我母亲——在家吗?"

"你母亲已经不住这里了。"房子的新主人说。

"你为什么要对我这样说?你在说谎。"

双方争执了一会之后,新房主打电话叫来了警察。警察把芭布丝送到局里,然后通知我母亲去接她。后来她可能去了诊所打针。

尽管这一切都发生在她身上,但芭布丝仍然是个可爱的女人。她经常吹口哨给镇上的男孩子听。但无论她感到害怕黑暗或只是迷路,如果她消失一天或两天就很不正常。有一次,有人发现她在公园里睡着了,头发散乱遮着脸,令人痛惜不已。她的衣服被撕破了。是怎么撕破的,她跟我们一样不明白。不过我回想,大概一年或两年后,她又怀孕了,只能理解是又有人诱奸了她。我想起,她十分沉痛而尴尬地看着我,手里抱着婴儿。那婴儿的头发像秋天的枫叶一样红,脸长得很伶俐,我想,这孩子跟我们认识的任何人都不像。

到了芭布丝连她住在哪里都记不起来的时候,我心里说不清是高兴还是遗憾。有个晚上,人们在附近一个公园看到她赤裸着身体漫无目的地徘徊时,我的这种感觉更明显了。一个保安人员把芭布丝送到我父亲的公寓门口,叫道:"你女儿在这儿,兰札先生。"我父亲把她带进家里,用茶壶给她热了咖啡,亲切地给了她所需的东西。要是在40年前,他对她表现出这种善良的感情,这个故事也许就是另一个结局了。

芭布丝的这个故事,还有她与我的关系,不过是世间许多家庭都在诉说的许多种精神病、妄想症和悲剧中的一个,其中间或有着些许快乐时光。生命的黄昏——我们所有人走到这个时期都太快——我们反思自己曾经爱过的人,总带有那么些不真实和如梦如幻的性质。当一个特定的想象出现在脑海中时,尤其是回想起一位分别已久的至爱至深的人时,"那真的发生过吗?"我们会感到迷惑不解。我们恍如白日梦般中走进玻璃厅一般,在那里,年轻人和老年人,梦境和不眠,悲剧和欣喜,都如同老式无声电影中的画面那样闪过。

正是在这里,神父和哲学家前来劝慰,或许他们会把这个劝慰叫做"希望"。然而,"希望"是一个可怕的词语,它把恐惧和一种根本性结合了起来,一种可能性超过另一种可能性,就像一个赌徒盯着旋转的轮盘,其结果决定他能否还债。

不幸的是,这正是科学中盛行的机械思维方式给出的"希望"。假如生命——你的,我的,还有芭布丝的生命(她仍在世并得到照料)——的起源始于死寂乏味的宇宙母体中的分子的随机碰撞,那就要当心。我们很可能因宠爱而受骗。骰子可能会以任何方式滚动,我们就该抓住已经得到的好时机,什么话都别说。

真正的随机事件既不令人激动也无创造性。至少乏善可陈。但是,有了生命,就有花开和绽放,我们就不会陷于纠缠不清的逻辑思维。月光下的夜莺歌唱时,异样的感动之情令你的心动怦然加快,情不自禁地与她应和。怀着这种心情,谁还会说这一切都是由愚蠢的撞球和机会法则相互碰撞而变出来的?有观察力的人绝不会这样说事,而站在讲台上的科学家板起脸孔断言,一个具备无数完美功能部件的有意识和机能的生物体——跟落下来的骰子一样,只有一个结果。这就是让我总有些惊讶的原因。我们哪怕做最轻微的动作,也证明了生命设计的神奇。

生命体验的角色似乎是悲哀的和奇怪的,就像我姐姐芭布丝那样,绝不是随机的,最终也并不令人惧怕。不妨把视生命为一场冒险,或一部巨大而不朽的乐曲中的一段插曲,人类的听觉难以欣赏到这部交响曲的音色范围。

无论如何,这些乐曲肯定不是有限的。生者皆有一死。我们将在后面的章节中讨论,宇宙是否具有一种有限条款的性质,就像杯形蛋糕一样,有生产和截止时间;也许宇宙是无穷无尽的。接受生物中心主义的观点,意味着你不仅用生命,而且用意识抽了一支签,而这支签既不知道何为开端,也不知道何为终结。

7 When Tomorrow Comes Before Yesterday

第 7 章

明天到来的前天

> 我认为这样说才稳妥:没人理解量子力学。如果你能避开这句话:"这究竟是怎么回事呢?"就别老是自言自语。因为你会"徒劳无益"地走进死胡同,那是每个人都避不开的。
>
> ——理查德·费曼(Richard Feynman),诺贝尔物理学奖获得者

量子力学以令人惊叹的概率精确性,描述了原子及其构成的微观世界,以及它们的行为。人们用它来设计和构建许多推动现代社会的技术,如激光和先进的计算机。但是,量子力学在许多方面不仅威胁到我们对空间和时间的基本和肯定的观念,而且威胁到一切牛顿力学式的秩序和可预测的观念。

夏洛克·福尔摩斯的格言值得思考:"当你排除了所有的不可能时,无论剩下来的是什么,无论有多么不可能,都是真相。"本章中我们要像福尔摩斯那样,有意保留 300 年来科学成见的踪迹,把量子力学理论得出的证据筛除掉。科学家们"徒劳无益地走进死胡同",原因是他们拒绝接受从实验得出的直接而明显的含义。生物中心主义对世界可能是什么的

解释，是人类的意识唯一能够理解的，所以我们抛弃传统的思维方式时大可不必感到悲哀。如诺贝尔奖获得者斯蒂文·温伯格（Steven Weinberg）所说："把人们带入物理学的基本定律中去不是一件愉快的事。"

为了说明为什么空间和时间与观测者有关，爱因斯坦给空间－时间的变化弯曲赋予了复杂的数学性质。时空是不可见的和无形的实体，看不见也摸不着。尽管他的方法在说明物体如何运动，特别是在强引力或高速运动的极端条件下的运动时确实很成功，却让许多人以为空间－时间跟切达干酪（Cheddar cheese）一样，是真正的实体，而不是对用于我们计算运动这一特定的目的的数学虚拟。当然，空间－时间这个数学工具与真实的实体相混淆，并不是第一次了。负一的平方根（$\sqrt{-1}$）和表示无穷（∞）的符号是数学中许多绝对必要的实体中的两个，却只是观念上的存在，而实际宇宙中并没有与这两者相对应的东西。

随着量子力学的出现，观念和物质真实的分裂之间继续展开报复。尽管在这个理论中因观测者的中心角色，使量子理论从空间和时间扩展到物质本身的性质上，某些科学家还是把观测者视为累赘和非实体而弃之不顾。

在量子世界中，甚至从牛顿的时钟到爱因斯坦的升级版也是无效的——如果有复杂的计时者，那太阳系就是可预测的。独立事件可能在各自互无关系的位置上发生这一观念——这个人们珍视的观念，通常被称为"定域性"（locality），在原子这一层面之上和之下都是无效的，而且不断增多的证据表明，这一无效性还全面扩散到宏观世界。在爱因斯坦的理论中，空间－时间中的事件可以用相互关联的方法测量，但量子力学却唤起对测量方法本身更大的警觉，测量方法威胁到了客观事物的根基。

观测者在研究亚原子粒子时，似乎修改和确定了他们所感知的对象。实验的设置和方法与他想要观测的内容和得到的结果令人无可奈何地相互纠缠。电子实际上既是粒子又是波动。但是原因何在？更重要的是，如何确定这个粒子的位置最终取决于观测行为。

这确实是个新问题。量子力学之前的物理学家，有充分的理由假设一个外在的和客观的世界，希望能够绝对确定单个粒子的轨迹和位置——就像他们确定行星的轨迹和位置那样。他们假定，如果从一开始

第 7 章 明天到来的前天

对所有的事物就了如指掌,粒子的表现就是完全可以预测的——只要有充分的技术手段,他们就能无限精确地测出任何尺度的物体的物理属性。

除了量子的不确定性之外,现代物理学的另一个方面也冲击着爱因斯坦独立实体和空间-时间观念的核心。爱因斯坦认为,光速是常数,一个地方的事件不可能同时影响另一个地方的事件。在相对论中,信息从一个粒子传播到另一个粒子之时,必须把光速考虑在内。近一个世纪以来,已经证明这是真实的,甚至在引力扩展其自身影响时也是真实的。在真空中,每秒 186 282.4 英里(30 万公里)是定律。然而,最近的实验表明,各种信息在传播的时候,情况并非如此。

也许真正的不可思议始于 1935 年,在一篇非常著名的论文中,爱因斯坦、波多尔斯基(Podolsky)和罗森(Rosen)对粒子纠缠的量子奇特状态作了讨论。这一现象至今常被称为"ERP 关联"[5]。三人的解释都对量子论的预测给予了否定。量子论的预测认为,一个粒子会莫名奇妙地"知道"另一个空间上完全分离的粒子在做什么,并且把与某个顺着这些路线做的观测归结为尚不确定的局部混杂(local contamination),而不是爱因斯坦戏称的"幽灵般的超距作用"。

这是一句了不起的俏皮话。还有一句话跟上面的妙语相似:"上帝是不掷骰子的",只言片话就令这位大物理学家家喻户晓。这对量子力学也是尖锐的批评。此语再次更加强调,某些事物只是概率性的存在,而在真实的地点上并无实物。数十年来,物理课堂上一再重复"幽灵般的超距作用",这句话一语道破了大众意识深处难以理解量子理论的实情。如果实验装置仍然相对简陋,谁又敢说爱因斯坦是错的?

但爱因斯坦确实错了。1964 年,爱尔兰物理学家约翰·贝尔(John Bell)做了一项实验,该实验能够表明分开的粒子能否在极远距离中瞬间互相影响。首先,有必要准备两份具有同样波函数的少量物质或光线(回想一下,即使固体粒子也有能量波动的性质)。用光线就很容易做到,方法是把光线送入一种特殊的水晶中,于是出现了两个光子,每个光子的能量都是进入水晶的光子的一半(两倍的波长),所以不违背能量守恒定律,进出的总功率的数量相同。

好了,因为量子理论告诉我们,自然中的一切物体都有粒子和波动的性质，物体的表现只是以概率存在，所以微小物体在波函数坍塌之前，是不会在特定的地方呈现或移动的。是什么使这种坍塌得以实现呢？任何方式的混乱都行。要"得到它的图像"，用一束光线撞击时立即就能做到。但越来越明显的是，无论实验者用什么方法看到物体，都会使波函数发生坍塌。最初是假设需要看到，比如说，为了测量一个电子在什么地方，就对电子发射一个光子，于是就知道两者之间产生的相互作用会使波函数自然坍塌。在某种意义上讲，这项实验已经受到了干扰。但是随着更多实验的精密设计（详见下一章），原因就越发明显：实验者头脑中稍有想法便足以引起波函数的坍塌。

这很诡异，但却越发令人不解。当纠缠的粒子产生时，成对的粒子都有同样的波函数。而其中一个粒子的波函数坍塌时，另一个粒子的波函数也会坍塌——即使两者分开的距离有宇宙那么远也是如此。这就意味着，如果观测到一个粒子做"上旋"的运动时，另一个粒子立即做反向旋转，来改变原来只是概率波的状态而成为真正的粒子。它们有密切的联系，其行为就像两者之间好像没有空间似的，时间对它们的行为却没有影响。

1997年至2007年的实验都显示情况确实如此，似乎微小物体与生俱来就都有一种超感觉力（extra sensory perception，ESP）。如果观测到一个粒子做随机选择按某种方式运动，而不是另外的方式运动，其孪生粒子也总是立即表现出相同的行为（实际上是补充行为）——即使两者被分开得很远。

1997年，瑞士的研究者尼古拉斯·吉森（Nicholas Gisin）策划了一个令人特别惊讶的论证方案，真的把球滚入了这个特殊的保龄球道中[6]。他的研究小组做出了纠缠的光子或者光束，把它们送进长达7英里（11.3公里）的光纤中去飞驰。一个粒子在可能选择的两个路径之一的地方遇到了干涉仪，就总是做随机选择。吉森发现，无论选定哪一个光子，它的孪生粒子总是瞬间就做出另外一种选择。

这里用了"瞬间"（instantaneous）这个重要的形容词。第二个光子的反应毫不延迟，在不足三百万分之一秒之后就出现了，连光线都没来得及通过这7英里长的光纤（约26微秒），其反应之快超出了实验装置的精确

第7章 明天到来的前天

性。由此而推测粒子的行为是同时发生的。

尽管用量子力学作了预测,但结果令做这种实验的物理学家也震惊不已。这一实验证实了令人惊异的理论:一个纠缠的孪生粒子会立即回应另一个粒子的行为或状态,无论它们之间的距离多远,也无论物质的质量有多大。

令人难以容忍的是,某些人却从中找到了逃避的借口。一个突出的口实是"探测仪的缺陷性漏洞",其说法认为到当时为止,实验并未有效地捕获到足够数量的孪生光子。批评者认为,仪器观测到的百分比太小,某种不为人知的偏离方向暴露了这些孪生光子造成了同步的表现。但是在2002年,一个新的实验有效地堵上了这个漏洞。由戴维·维因兰德博士(David Wineland)领导的国家标准和技术研究所的一个研究小组发表在《自然》杂志上的一篇论文中,纠缠的铍离子对和高效能的探测仪证实,每一个离子都同时对其孪生离子作出了回应。

极个别的人认为,从一个粒子到另一个孪生粒子的运行过程中,有某种未知的新的力或相互作用被随之传送,传送的时间为零。但维因兰德对本书的作者之一说:"在一段距离之中,有某种幽灵般的作用。"当然,他明白那只是因为无法解释而已。多数物理学家认为,相对论的不可超越光速的限制并未被打破,因为没有人能用EPR关联来传送信息,原因是发送的粒子所表现出来的行为总是随机的。最新的研究方向是实用的而非哲学性的关注:其目标是驾驭这个奇异的行为,创造新的超级量子计算机,如维因兰德所说的那样:"要背负起量子力学以来的全部奇怪包袱。"

经历了这一切之后,过去10年的实验确乎实证了爱因斯坦坚持的"定域性"——即没有什么会以超光速的速度去影响别的物质——是错误的。我们观测到的实体漂浮在一个场域(field)中——思维的场域中。生物中心主义要强调的是,那个场域并不是一个多世纪前爱因斯坦将其理论化的外在空间和时间。

没有人会想象到,当生物中心主义把量子力学认做一个重大的支持领域时,它只是量子现象的一个方面。1964年的贝尔定理(Bell's Theorem),在以后数年的实验中一再证实这个定理是正确的,贝尔定理所推翻的远不只是爱因斯坦等人希望定域性能够得到维持的一切残余。

在贝尔定理之前,人们还在考虑定域实在论(local realism)的可能性(尽管不确定性在增加)——一个客观独立的宇宙可能是真实的。在贝尔之前,许多人仍然坚持千年来的古老假设:在物体受到测量之前,其物理状态就存在。在贝尔之前,人们还普遍相信粒子有确定的属性和量值,与测量无关。最终,由于爱因斯坦证明了没有比光运行得更快的信息,人们于是就认为,如果观测者之间的距离足够远,一个观测者的测量对于另一个观测者的测量来说,就是无效的。

以上所讲的全都永远结束了。

除了以上所讲之外,量子理论的三大不同领域都具有生物中心的意义,但却疑窦丛生。很快我们将以更长的篇幅来讨论这个问题,但且让我们以了解这些问题作为开始。第一个是上面所谈到的粒子纠缠的问题,此问题与两个对象非常亲和以至于它们的表现犹如一体有相关性,即使它们被星系的空间距离分隔开来,也是瞬间即变,永远如此。在经典两分法的实验中,其幽灵效应更为明显。

第二个问题是互补性。这意味着,微小物体能够以一种或另一种方式显现,但不可能以两种方式同时显现,如何显现要看观测者采用什么方法。实际上,物体并不是以特别的运动存在于特定的地点。只是观测者的知识和行为才使它进入于某个地方,或具有某种特别的活力。这种互补的属性在许多成对的物体上都存在。一个物体可以具有波动性或粒子性,但不能两者兼有,要么占据一个特定位置,要么显现出运动,但不能同时具有两种情况,等等。它的真实情况只有赖于测量者和他的实验。

支持生物中心主义的量子理论的第三个属性是波函数的坍塌(wave-function collapse),意即,物质性的粒子或光束,只存在于模糊的概率状态中,直到观测时其波函数坍塌,只有在此时实际上才呈现出确定的存在。根据哥本哈根解释(Copenhagen interpretation),这就是对量子理论实验中会发生什么的标准理解,如我们很快就会知道的那样,还存在相互对立的想法。

幸好有海森堡、贝尔、吉森和维因兰德的实验,呼唤我们回归到当下的直接经验上来。在一窥事物的究竟之前——一枚鹅卵石、一朵雪花,甚或是一个亚原子粒子——都必须由一个生物体来观测。

在著名的双狭缝实验中,"观测行为"变得很生动。这个实验一再直抵量子物理学的核心。该实验被做了很多次,作了很多变化,最终证明,如果通过遮挡板上的狭缝去观测一个亚原子粒子或光束,它的表现就像一个粒子,在测量冲击遮挡板上的单个狭缝后会产生"砰、砰、砰"的结实冲击。就逻辑上说,它就像一颗微小的子弹,会穿过一个或另一个孔洞。可是如果科学家不去观测这个粒子,那么这个粒子就会表现出波动行为,这种波动保留了显示一切可能的的权利,包括莫名其妙地同时穿过两个狭缝的权利(即使它不能把自己分开来)——然后产生那种只有波动才会有的波纹形状。

数十年来,这种被人们冠以"量子诡异性"的波粒二相性让科学家感到迷惑不解。连一些最伟大的物理学家也这把一现象描述成不可直觉、不可用公式表述、不可视觉化,常识和一般知觉都对之无效。科学已经彻底承认,量子物理学超出了复杂的数学范围,是不可理解的。量子物理学怎么会如此不可理喻,难以直观和用语言表述呢?

令人惊异的是,如果我们在表面意义上接受生命创造的真实这一观点,问题就会变得很简单,并令人豁然开朗。而问题的关键就是"究竟什么是波动"。回溯到1926年,德国物理学家马克斯·玻恩(Max Born)证明,量子的波动就是概率的波动,而不是物质的波动,这一结论是由他的同事薛定谔(Schrödinger)做出的理论概括,其内容为统计性的预测。因此,概率的波动不是别的,正是一个可能的结果。事实上,离开了这个观念,就不存在波动!这是难以理解的。如诺贝尔奖得主、物理学家约翰·惠勒(John Wheeler)曾经说过的那样:"在现象得到观测之前,现象就不是真正的现象。"

注意,我们谈论的是粒子或电子这类离散的对象,并非无数个对象的聚集,比如说一列火车。显然,我们能够安排日程去火车站接一位朋友,而且完全相信,在这段时间,我们虽不在场,即使我们没有亲自看到火车,他坐的火车实际上是存在的。(对此情况的解释是,所指对象的体量增大,它的波长就减小。一旦我们进入宏观世界,波与波之间靠得太近,因而无法观察或测量。但它们仍然在那个地方。)

然而,对于离散的微小粒子来说,如果没有观测它们,就不能认为它们真的存在——在持续时间中不真正存在,或者在空间位置上不真正存在。在思维确定一个对象所在位置的框架之前,在思路(代表这个对象的可能量值范围的概率迷雾中的某处)确实理清楚之前,都不能认为它就在这个或那个位置上。所以,量子的波动只是明确了一个粒子可能占据的潜在位置的范围。当科学家观测到一个粒子时,将要发现的是在统计的概率范围之内出现的事件。这就是波动定义的内容。一个概率的波动并非一个事件或现象,而是一个事件或现象发生的可能性的描述。在确实观测到事件之前,什么都没有发生。

在双狭缝实验中,很容易强调说,每个光子或电子——因为这两个对象都不能再分——必定要通过一个或另一个狭缝,并且要询问,一个特定的光子会以哪种方式穿过狭缝呢?许多有才华的物理学家设计的实验,都想要呈现出"穿过方式"的信息,即一个粒子对干涉图形有影响的路径是怎样的。而他们得出的结论却是惊人的:既不可能观测到穿过路径的信息,也不可能观测到干涉图形。可以做一个测量,观察哪个狭缝中有光子穿过,并发现这个光子穿过一个狭缝而不是另一个狭缝,但是,这种测量一旦达成,光子却会到达一个感光板的屏幕上,完全没有波纹干涉的图形,总之它们会证明自己是粒子而不是波。整个双狭缝实验及其真正令人匪夷所思之处,将随插图在下一章中讲解。

显然,观察到粒子穿过障碍,波函数当时当场就坍塌了,粒子就失去了它在概率上是粒子性和波动性两者均可选择还是两者只能选择其一的自由。

但这还是让人感到别扭。一旦我们接受了路径信息和干涉图形两者不可能兼得这一结论,我们就可能更进一步考虑。设想我们现在与一对纠缠的光子在一起的情形。它们彼此运行的相互距离很远,但它们的表现绝不会失去关联。

现在我们给两个光子命名,一个叫 y,另一个叫 z,它们向两个不同方向运行开去。我们再来做一个双狭缝实验。如果光子 y 在到达探测屏幕之前,我们对它不做任何测量,我们已经知道,光子 y 将神秘地穿过两个狭缝并产生一个干涉图形。此外,在另一个实验中,我们在几英里之外建立一个装置来测量它的孪生光子 z 的穿过路径。没错,一旦我们启动这个装置来测量它的孪生光子,则光子 y 就会立即"知道"我们可能会推测出它本身穿过的路径(因为它会总是跟它的孪生粒子做相反或互补的事)。当我们启动测量远处的光子 z 的装置时,即使我们丝毫没有干扰光子 y,它也会突然停止显示干涉图形。情况真的会是如此——立即实时发生——哪怕光子 y 和光子 z 各自远在银河系的两端也是如此。

这种情况似乎不可能发生,令人觉得诡异。如果我们现在让光子 y 去撞击狭缝并首先测量屏幕,并在一刹那之后测量远处的那个孪生光子,我们就会蒙骗量子的规则。在我们干扰远处的孪生光子时,第一个光子已经在路途中。这样我们就能知道两个光子的极化,并且已经描绘出一个干涉图形了。对吗?错了。在进行这两个实验的时候,我们得到的是一个非干涉图形。光子 y 逆向运行而不穿过两个狭缝;干涉过程消失了。显然,光子 y 莫名奇妙地知道我们最终会发现它的极化,尽管它的孪生光子还没遇到我们的极化探测装置。

这说明了什么?对时间、任何存在的真正结果、现在和未来来说,这说明了什么?对空间和分离来说,这明说了什么?我们必须对自己起的作用得出什么结论?我们的知识对几英里之外实际发生的事件(时间并未推移)有什么影响?那些光束怎么知道它们在未来会发生什么?它们是怎么在瞬间交流的,其速度比光还快?显然,这对孪生光子是以一种特殊方式联系的,无论它们相距多远,这种联系都不会中断,并以一种与时间、空间,甚至因果关系都无关的方式相联系。并且,对我们来说更重要的是,对所有这些实验中发生的观测和"思维场域"(field of mind)来说,说明了什么?

主中生义心物 其中的含义是……?

哥本哈根解释诞生于海森堡和玻尔思想狂热的 20 世纪 20 年代,勇敢地解释了量子理论实验中出现的颇难理解的结果。不过,对多数人来说,当时的世界观动荡不定,因而难以完全接受量子论。简而言之,哥本哈根解释最早宣布了约翰·贝尔等人40年以后证实的结果：在实施一项观测之前，一个亚原子粒子并不真的存在于一个确定的地方，也没有实际上的运动。相反，它存在于奇怪的以太王国中，特别是它实际上不存在于任何地方。这种模糊不定的存在，只有在其波函数发生坍塌时才会结束。只用了几年时间，哥本哈根解释的拥护者就意识到，没有什么是真实的，除非它被感知到。如果生物中心主义是真实的，哥本哈根解释就具有完美的意义，否则就是完全不可思议的。

如果正因为某个人在观察对象，又要避开那种远距离的幽灵作用，而我们想用某种东西来替代一个对象的波函数坍塌的想法，那么我们可以跻身于哥本哈根解释的竞争者中。"多世界解释"（Many World Interpretation，MWI）认为[7]，万事皆有可能发生，也在发生。宇宙像出芽的酵母菌般持续不断地生出分枝，就变成一个无穷的宇宙，这个宇宙包含每一种可能性，无论距离多远。现在你处于许多宇宙中的一个，但还有无数个其他的宇宙，在那些宇宙中的另一个"你"学过摄影而不是会计学，确确实实到过巴黎，还娶了你曾经搭便车时遇到的姑娘。以这种当代理论家斯蒂芬·霍金欣然接受的观点来看，我们的宇宙完全没有叠加或矛盾，没有幽灵作用，也没有似乎矛盾的量子现象的非定域性（non-locality），连同一切你认为自己没有作出的个人选择，在无数的平行宇宙中都存在着。

哪个是真实的呢？过去数十年中，所有的纠缠实验愈发倾向于证实哥本哈根解释，而这正如我们讲过的那样，极大地支持了生物中心主义。

有些物理学家，如爱因斯坦曾经提出，"隐藏变量"（hidden variables，即尚未发现或尚未被理解的东西）可能最终会解释量子的反逻辑的奇怪行为。也许实验装置本身以某种尚不为人知的方式干扰了被观测对象的行为。显然，要反驳这一看法还不可能：一个未知的变量使某种结果产生，因为言词本身毫无用处，就像政客选举时做的承诺那样。

目前，这些实验的意义被大众思维贬低了，因为直到最近，量子行为还仅限于微观世界。但这并不是基于理智的，而更重要的是，这些意义正在开始受到遍布世界的实验室的挑战。新的实验采用了被称之为"巴基球"（buckyball）的巨大分子，表明量子的真实性扩展到了我们生活的宏观世界中。2005 年,KHCO₃(碳酸氢钾)晶体呈现出 1.5 英寸(3.81 厘米)高的量子纠缠纹带(quantum entanglement ridge)——其表现迹象正在接近日常生活的识别层面。事实上,一项令人激动的新实验刚已得到计划(即所谓的"按比例增大的叠加"),将为证明生物中心的世界观在生命有机体层面上是正确的提供迄今为止最有力的证据。

对此,我们肯定有话要说。

因此,我们加入生物中心主义的第三个原理:

生物中心主义的第一个原理:我们感觉是真实的东西是一个与我们的意识有关的过程。

生物中心主义的第二个原理:我们的外在和内在感觉是相互纠缠在一起的。它们是一个硬币的不同两面,不可分开。

生物中心主义的第三个原理:亚原子粒子——实际上所有的粒子和对象——与观察者的在场有着相互纠缠作用的关系。若无一个有意识的观察者的在场,它们充其量处于概率波动的不确定状态。

8 **The Most Amazing Experiment**

第 8 章
最令人惊异的实验

　　量子理论不幸成了包罗一切的习语,试图证明新时代的各种荒谬之说。许多书的作者不太可能提出各种古怪的主张,如时间旅行或大脑控制之类,而那些用量子理论来做"根据"的作者所掌握的物理学知识微不足道,或者对量子理论的基础知识都无法解释。2004 年的一部流行电影《我们到底知道多少?》(*What The Bleep Do We Know?*)就是一个适当的例子。这部电影一开始就声称量子理论使我们的思维发生了革命性变化——这确实是正确的——但接下来,既无任何解释又无详细阐述,它又说量子理论证明人们可以通过时空旅行返回到过去,或者"选择你愿意要的现实"。

　　量子理论并不认为会有这类事情。量子理论研究的是可能性,粒子可能出现的地方,它们可能产生的行为。同时,正如我们将会看到的那样,光束和物质确实改变了行为,根据它们是否被观察到而定。测量到的粒子确实令人惊异地显示影响了其他粒子过去的行为,但是,这完全不意味着人类可以回到过去或影响他们自身以往的经历。

　　考虑到"量子理论"这一术语在泛指意义上的用法,加上生物中心主义的理论框架原理的改变,用量子理论作论据可能会令怀疑者不以为然。因此,读者对量子理论的实验情况有一些真正的理解是很重要的,这样就能了解真实的结果,而不是那些经常与量子理论有关的荒谬断言。对稍有耐心的读者来说,本章对物理学史上最著名的和令人惊异的实验之一作出的最新解释,可以改变人类对生命的理解。

令人惊异的"双狭缝"实验("double-slit" experiment)改变了我们对宇宙的看法,也为生物中心主义提供了支持。数十年中,这个实验被反复做过。这个实验的具体描述概要发表于 2002 年的《物理学评论 A》(*Physical Review A*, 65,033818)。但这篇概要其实不过是把 75 年来一再重复的演示稍加改变而成。

这一切都真正始于 20 世纪早期,当时物理学家们还在为一个非常古老的问题争论不休——光是由叫做光子的粒子组成的,还是由能量波组成的。艾萨克·牛顿相信光是由粒子组成的。但是到了 19 世纪末,波似乎更有合理性。早期某些物理学家预见到并正确地认为,即使是固体物质也可能具有波的性质。

我们先以或者是光、或者是粒子的光源来开始。在典型的双狭缝实验中,粒子通常就是电子,因为它们是微小的和基本的(它们不能被再分为其他的东西),容易对着远处的目标放射。例如典型的电视机就是向屏幕发射电子。

开始时,我们把光对着探测屏。但光必须首先通过一个具有两个狭缝的初始屏障。我们可以射出大量光线,或者每次只射出一个单一的、不可再分的光子——两种方式的结果都是相同的。每一束光线都有 50∶50 的机会穿过左边或右边的狭缝。

不久,所有的光子子弹都将合乎逻辑地产生了一个图案——优先落到探测板的中央而形成几条干涉条纹,因为从光源开始的大多数路径都或多或少地是一直往前的。概率法则告诉我们,应该看到如图 1 所示的撞击密集区:

第8章 最令人惊异的实验

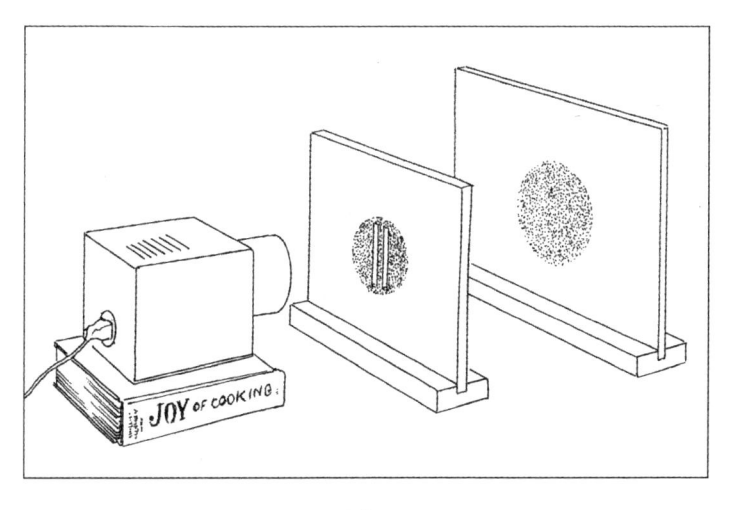

图1

当绘制成曲线图时(其中撞击的数量是垂直分布的,而它们在探测板屏幕上的位置是水平分布的),密集粒子的预期结果确实有很多撞击到中央,少数粒子落在边缘附近,于是产生了如图2所示的曲线:

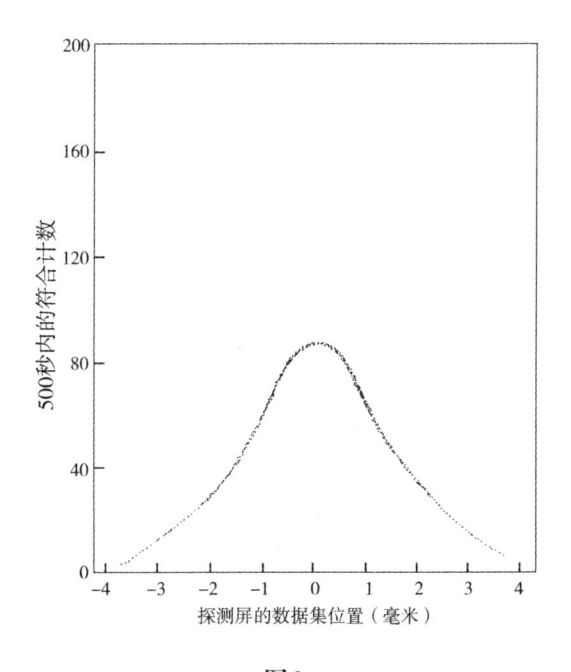

图2

Biocentrism

但是这并不是我们真正得到的图形。当做这样的实验的时候——过去的世纪中已经做了数千次这些实验——我们发现,光束产生了另一种奇怪的图形(图3):

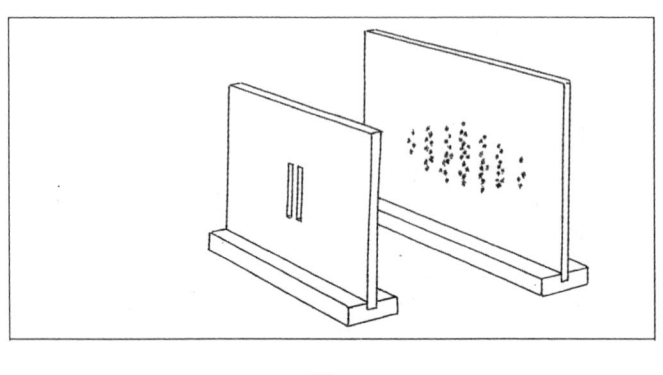

图3

绘成图表,"撞击"的图形看上去是这样的(图4):

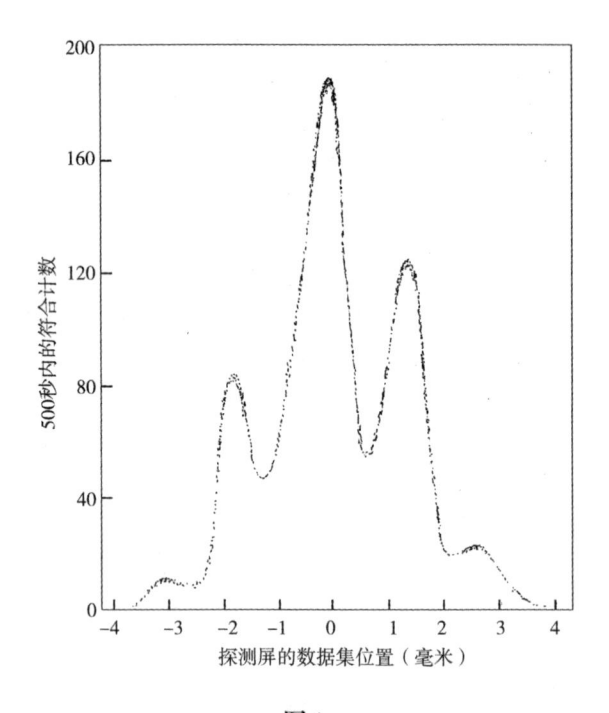

图4

第 8 章 最令人惊异的实验

从理论上说,主峰值旁边的那些较小的副峰值应该是对称的。而实际上,我们在与概率和单束的光打交道,所以结果通常与理想值有一些偏离。但不管怎样,最大的问题是:为什么会形成这样的图形?

原来,如果光线是由波而不是粒子组成的,则我们期待的就是我们所看到的。波与波之间的相互碰撞和干涉引起了波纹。如果你同时扔两个石头到池塘中,波与波相遇产生了波动,并且产生比通常较高或较低的水位。有些水波彼此相互加强,或者,如果一个水波的波峰遇到另一个水波的波谷,它们就会在那一处相互抵消。

这就是 20 世纪早期的干涉图形。这一结果只可能由波动引起,向物理学家显示的,光是一种波,或至少是在做这个实验时以这种方式表现出来的。最令人感到惊异的是,当像电子那样使用固体物质时,得出的结果完全相同。固体的粒子也有波的性质!所以,从一开始,双狭缝实验就透露了关于实体的令人惊异的信息。固体物质有波动性。

不幸的是,或者又幸运的是,诱惑产生了。只有很少人意识到真正的怪事才刚刚开始。

每当一个光子或电子被允许飞过实验装置时,第一个怪事就发生了。当有足够的光子穿过屏障并被逐个探测到之后,就出现了同样的干涉图形。但这是怎么发生的呢?每个电子或光子凭什么产生干涉呢?每当只有不可分的对象出现时,我们怎样才能获取干涉图形呢?(图 5)

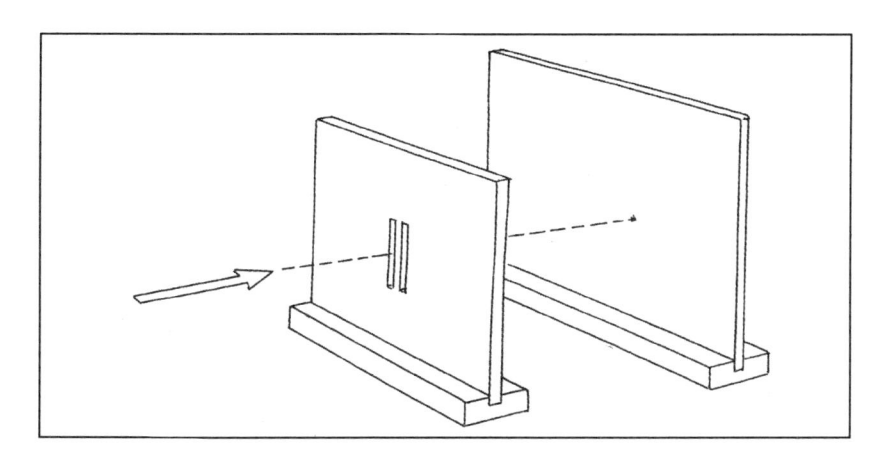

图 5

Biocentrism

单个光子撞击探测屏幕。(图6)

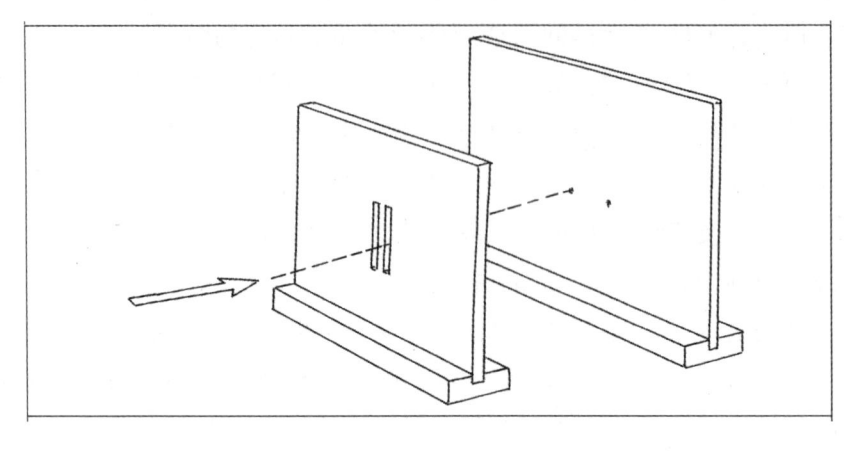

图6

第二个光子撞击探测屏幕。(图7)

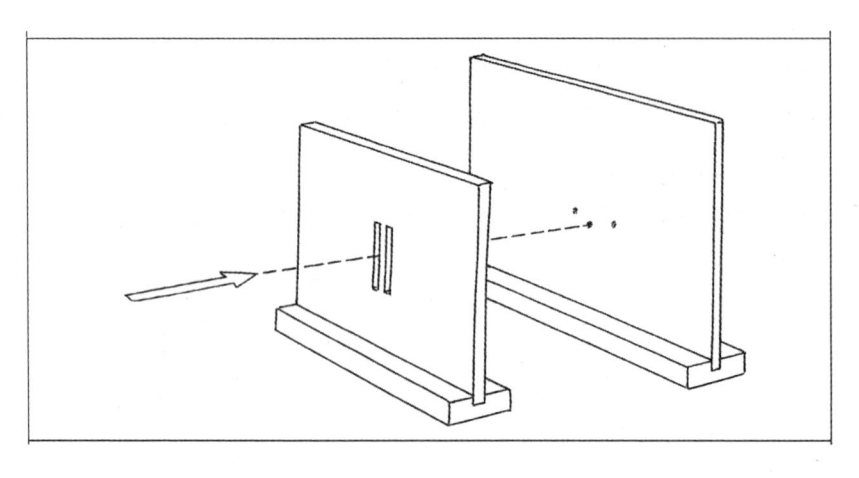

图7

第三个光子撞击探测屏幕。(图8)

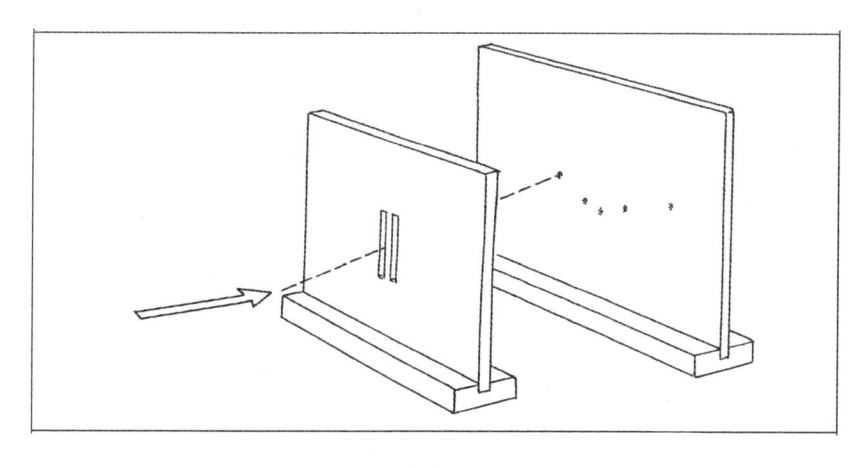

图 8

不知什么原因,这些单个的光子叠加到了干涉图形上!

对此,迄今尚无真正令人满意的答案。于是有些异想天开的想法就出现了。会不会是"隔壁的"平行宇宙中另有电子或光子,另外有实验者在做同样的实验?是不是他们的电子干扰了我们的电子呢?几乎无人相信这种牵强附会的想法。

对我们看到的干涉图形的通常解释是,当光子或电子在双狭缝处相遇时,它们有两个选择。在实际位置上,它们在被观测到之前并非以真正的实体而存在,而它们在撞击上最后的探测屏幕之前,它们又不能被观察到。因此,当它们抵达双狭缝时,就表现出其采取两种选择的概率自由状态。虽然实际上电子或光子是不可分的,而且无论任何情况下其自身都绝不分离,而它们以概率波方式的存在,则是另一个故事了。因此,"穿过狭缝"的,实际上不是物质实体,而只是概率。是单个光子的概率波自身发生了干涉!当有足够多的光子穿过,所有的概率都凝结成产生冲击并被观测到的真正实体的光波时,我们就看到了总的干涉图形。

这确实是异乎寻常的。但这显然是真实的情况。这正是量子的不可思议的发端。如我们在上一章谈到的那样,量子理论中有一个叫做"互补"的原理,意思是我们可以观测到物体以这样或那样的实体呈现——或者有一个或另一个位置或性质,但绝不会是两种位置或性质同时具有。

具体是什么,要看实验者想找到什么,以及怎样使用观测设备。

现在,假设我们希望知道一个特定的电子或光子在抵达屏障的过程中穿过了哪一个狭缝。这是个非常合理的问题,也很容易得出结果。我们可以采用偏振光(说明:光波在水平方向或垂直方向振动,否则就沿着传播的方向缓慢转动),做了这样的混合之后,我们会得到与以前相同的结果。但现在让我们来确定每一个光子要穿过哪个狭缝。许多不同的装置都用过了,而在这个实验中,我们要在每个狭缝前用上一个"四分之一玻片"(quarter wave plate,QWP),每个1/4玻片都以特定的方式改变光的偏振。探测屏幕可以让我们知道进来的光子的偏振。因此,通过记录被探测到的光子的偏振,我们就知道光子穿过了哪个狭缝。(图9)

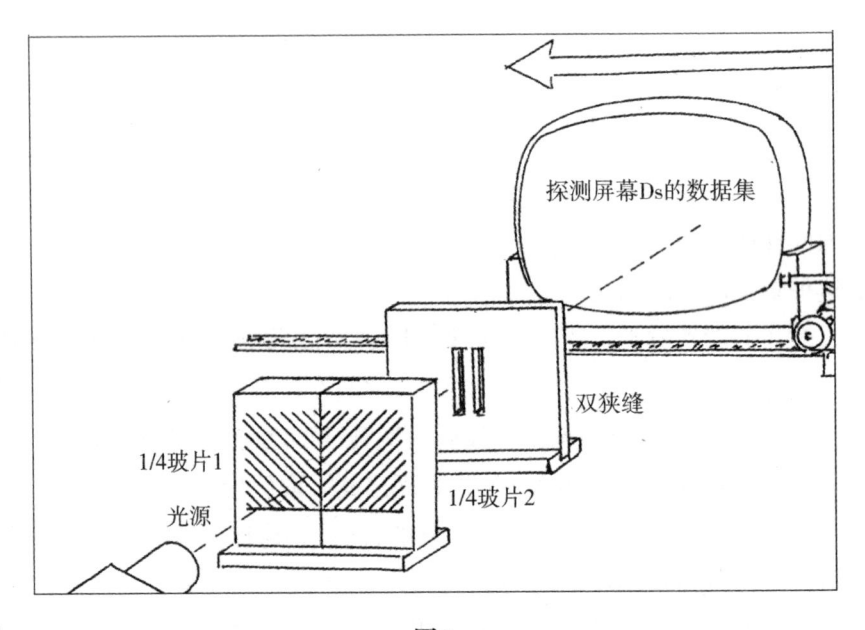

图9

现在我们再做一次实验,发射出的光子穿过狭缝一次,希望这次我们知道每个光子通过了哪个狭缝。现在结果却发生了戏剧性的变化。虽然1/4玻片不改变光子,但却无损地转变了它们偏振的极性(后面我们将证明,这种结果的改变并不是由1/4玻片引起的),这样我们就不再获得干涉图形了。现在,如果光子是粒子,所得到的曲线就突然变成我们希望的

那样了(图10):

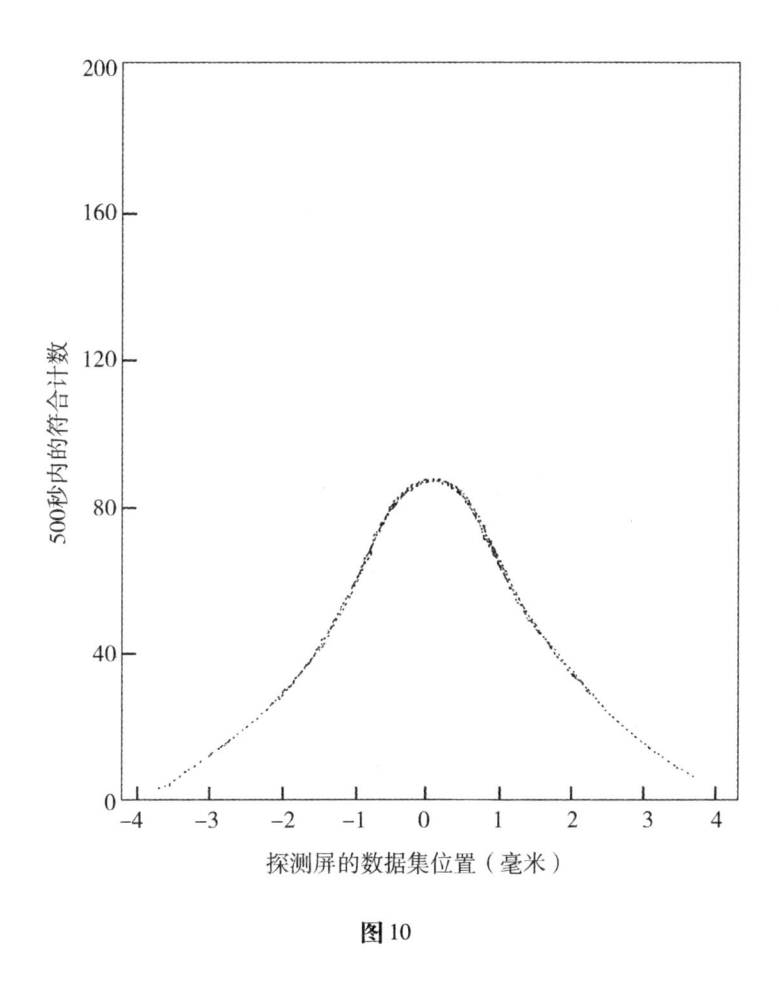

图10

发生了某种事情。原来这仅仅是由于观测行为所致,由于知道了每个光子的路径而破坏了光子维持模糊与不确定性、在抵达屏障之前通过两个路径的自由状态。光子的"波函数"肯定在我们的测量装置1/4玻片上发生了坍塌,于是它瞬间"选择"成为一个粒子,穿过一个狭缝或另一个狭缝。一旦它失去其模糊性和"不全是真的"(not-quite-real)概率状态时,它的波动性就消失了。但光子为什么要选择坍塌它的波函数呢?它怎么知道我们(观察者)可能知道它要穿过哪个狭缝呢?

过去的20世纪中,最有才智的人无数次地设法绕开这个问题,均告失败。我们关于光子或电子自身路径的知识，使得路径在此之前的时间中成为确定的实在。物理学家当然也困惑，这种奇异的行为是否是由路径上的1/4玻片探测屏、各种其他曾经用过的装置及光子之间的相互作用所引起。但情况并非如此。完全不同的路径探测屏已经设立好了，它们不会以任何方式妨碍光子，但我们总是得不到干涉图形。经过许多年以后，最终得出结论，由于能量波的原因，根本不可能获得路径的信息和干涉图形。

我们回到量子理论的互补性上来——你可以测量并且知道波动和粒子两个特性之一，却不可能同时测量到这两个特性。如果你完全知道了一个的特性，就不知道另一个的特性。而且，为避免你怀疑问题出在1/4玻片上，那就这样说吧，所用的全部测量装置，包括双狭缝实验在内，除了最后那些提供信息的偏振探测屏障外，让一个光子发生变化的微小行为，对干涉图形的产生不会有丝毫影响。

让我们来试试别的。上一章我们知道，根据量子理论，纠缠的粒子或光束（或物质）本质上是共生的，因此两者共有一种波函数。它们可能会飞散开去——分开的距离甚至可达银河系的宽度——但它们仍然保持着这种联系和彼此相知的状态。如果有人要设法强制干预它，让它失去其"什么都有可能"的性质，并且立即被迫以物质化的状态呈现出来，比如垂直偏振，则它的孪生对子也会立即物质化，变为水平偏振。如果一个变成光子向上旋转，则孪生的那个就会变成向下旋转的光子。它们永远以互补方式相联系。

现在我们采用一个向不同方向发射孪生纠缠粒子的装置。实验者可以用一个特殊的水晶来产生纠缠光子。这个水晶装置称为"贝塔-钡"（beta-barium, BBO）。在这个水晶中，一个由激光产生的高能紫色光子被转换成两个红色光子，每个红色光子具有原来那个光子的一半的能量（两倍波长），所以没有净重或能量的损失。这两个毫无束缚的纠缠光子以不同的方向被发射出去。我们把它们的路径方向分别称为 P 和 S。（图11）

第8章 最令人惊异的实验

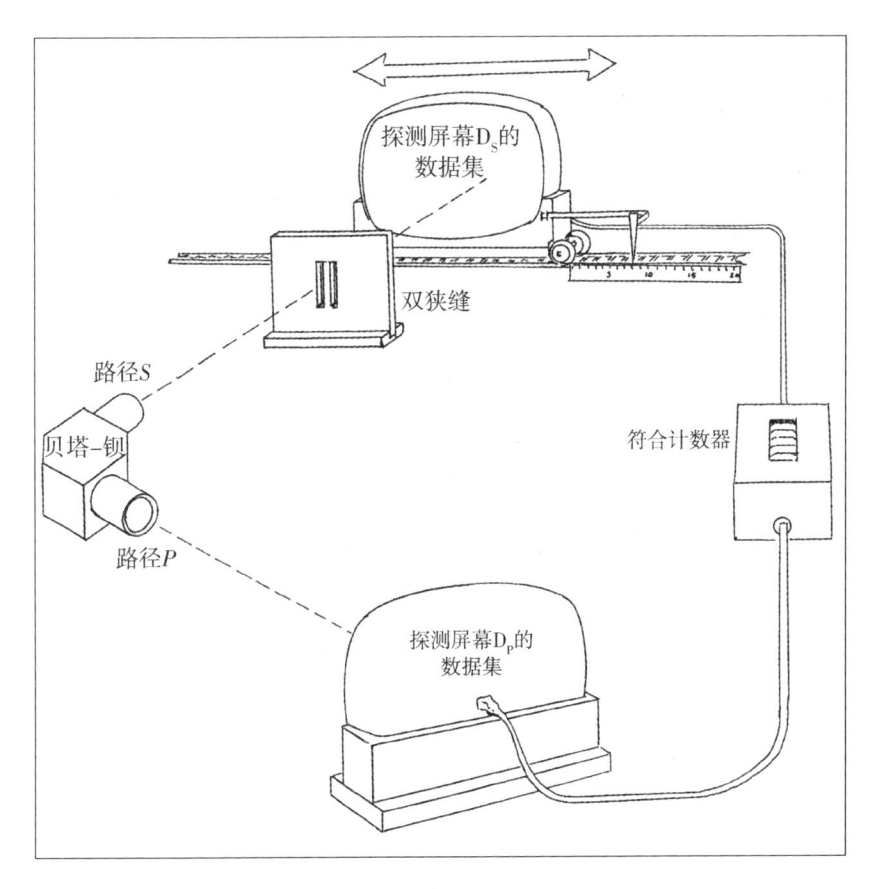

图 11

我们再来做原来那个不测量路径信息的实验。除了原来的装置之外，我们现在增加一个"符合计数器"（Coincidence Counter）。符合计数器的作用，是为了防止我们知道在探测屏幕 D_S 上的光子的偏光性，除非一个光子也撞击在探测屏幕 D_P 上。一个孪生光子穿过狭缝（把这个光子称为 s），这时另一个光子只是向第二个探测屏幕高速飞去。只有当两个探测屏幕都同时记录下撞击时，我们才知道这两个孪生光子完成了行程。只有在这时，我们的设备才记录了某些数据。在探测器 D_S 上形成的图形就是我们熟悉的干涉图形。（图12）

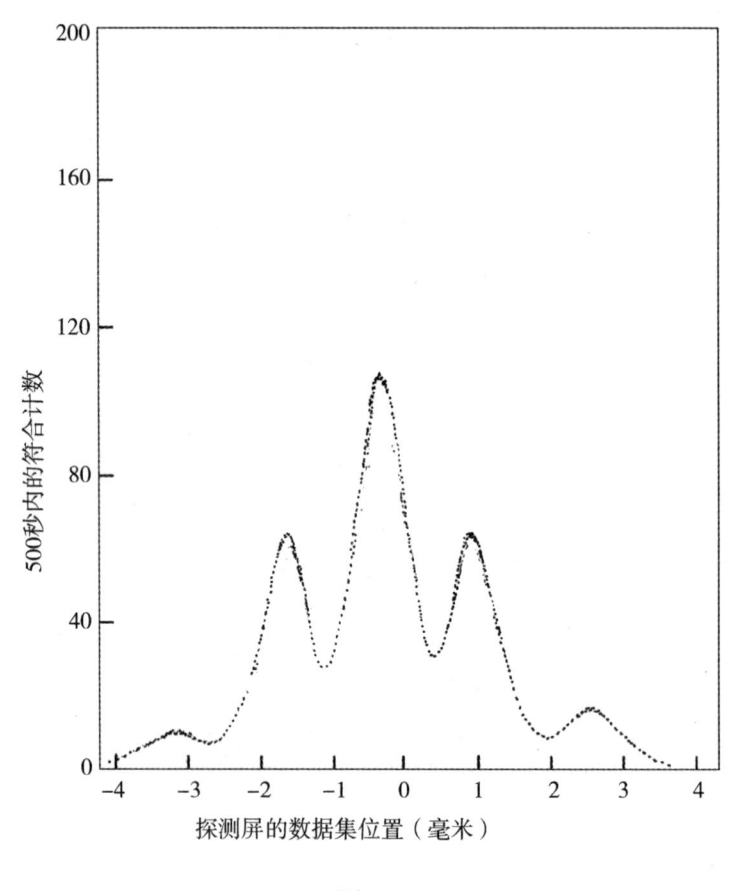

[图表：500秒内的符合计数 vs 探测屏的数据集位置（毫米）]

图12

这就有意义了。我们并不知道任何特定的光子或电子选择了哪个狭缝，所以测量的对象仍然是概率波。

不过，让我们狡猾一点儿。首先，我们恢复1/4玻片，这样就可以获得光子通过路径 S 的路径信息。（图13）

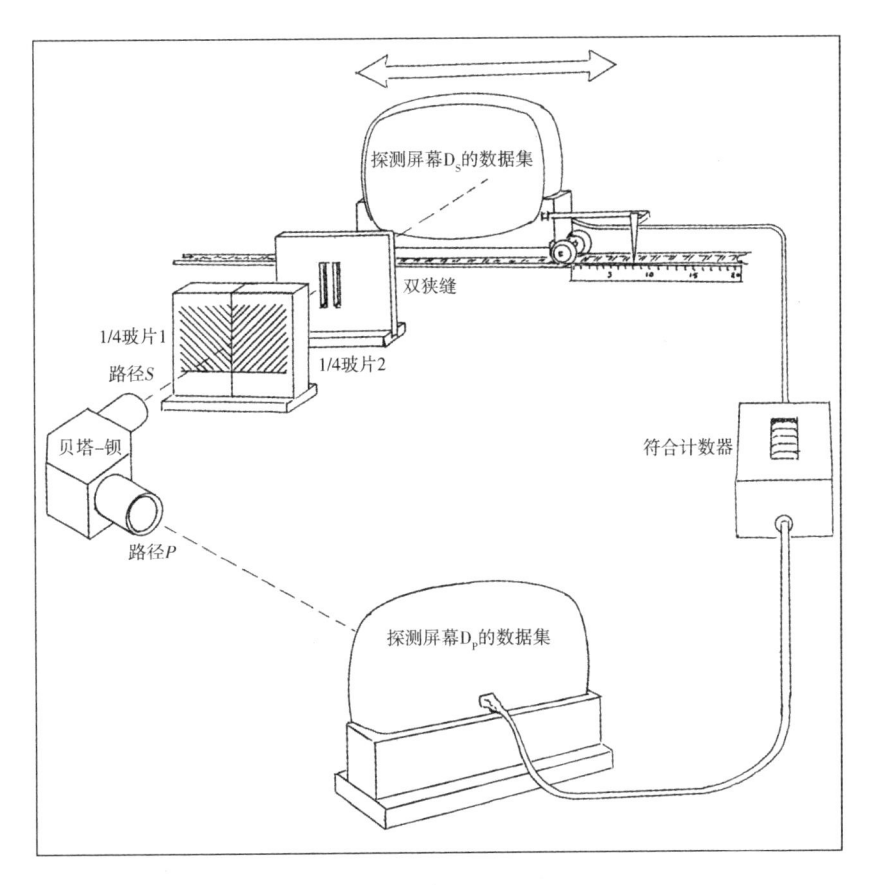

图13

现在,干涉图形如预期的那样消失了,取而代之的是粒子的图形,即单一的曲线。(图14)

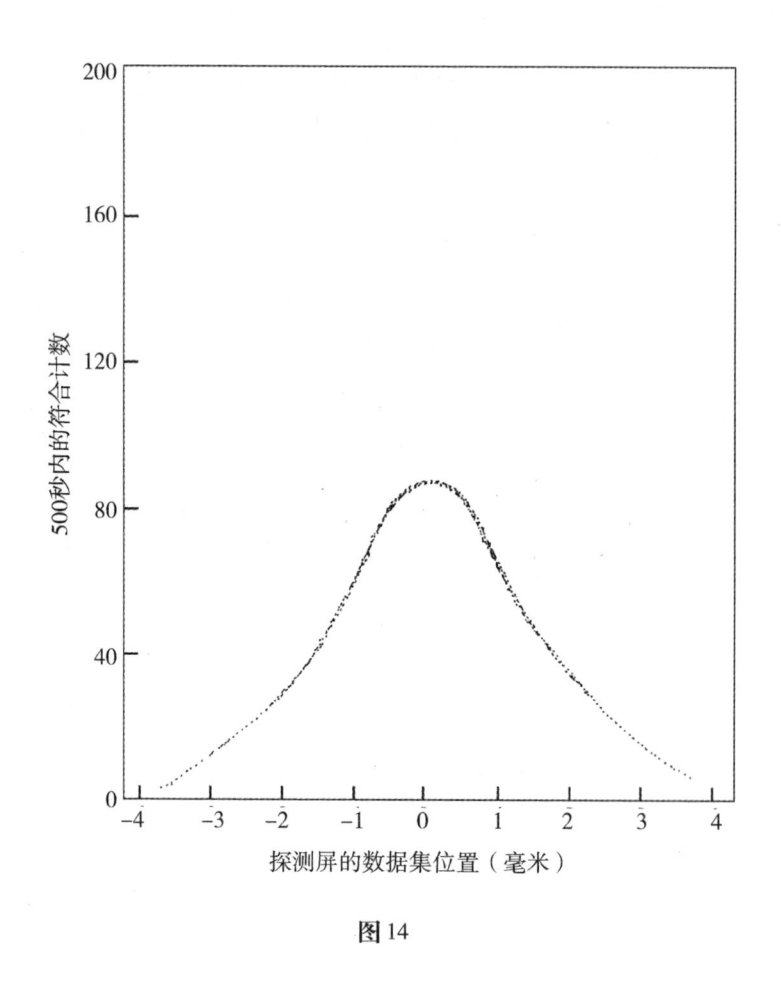

[图表：横轴为"探测屏的数据集位置（毫米）"范围 -4 到 4，纵轴为"500秒内的符合计数"范围 0 到 200，显示一条在 0 处峰值约为 85 的钟形曲线]

图14

到目前为止一切都正常。但现在,我们要取消对光子 s 的路径测量,但对路径不加任何干预。我们可以这样来做:在另一个光子 p 的路径远处放置一个偏振窗(polarizing window)。这个玻片会阻挡第二个探测屏幕记录重合的情况,而只测量某些光子,有效地提高双信号。由于此处的符合计数器对于表明孪生粒子走完行程的情况至关重要,所以已经显示出来的数据是完全不可靠的。对于我们要知道单个光子选择通过哪个狭缝来说,这时整套仪器都不起作用,因为我们不能把它们与其孪生粒子相比较——由于什么都没有记录下来,除非符合计数器允许这样做。现在我们清理一下思路:我们把 1/4 玻片放在了光子 s 的路径上。我们所做

第8章 最令人惊异的实验

的一切,就是用去掉符合计数器获取路径情况的办法来干扰光子 p 的路径。(回想一下,这套实验装置给我们传达出的信息是:只有当探测屏幕 D_s 上测量到偏振、符合计数器又告诉我们同时记录到的探测屏幕 D_p 上的孪生光子产生的或一致或不一致的偏振时,才记录下的"撞击"数。)其结果是(图15):

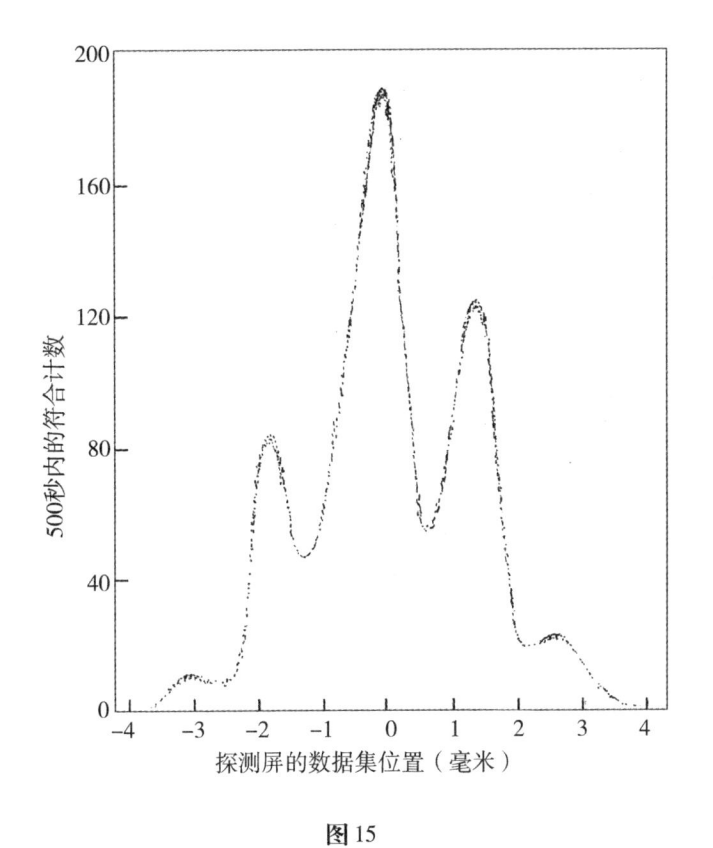

图 15

它们又成光波了,干涉图形又重现了。光子或电子通过路径 S 撞击后面探测屏幕的实际位置现在发生了变化。可是我们并没有动过这些光子的路径——从水晶中产生出的光子直达最后的探测屏幕。我们甚至还放了一张 1/4 玻片。我们所做的就是要强行分开孪生光子,以此来去除掉我们了解情况的能力。唯一的变化是在我们头脑中。选择路径 S 的光子怎么可能知道我们另外放置了一张偏振片呢——在某个另外的地方,在远离它们的路径上？量子理论告诉我们，即使是我们在宇宙的另一端放上一个摧毁信息的东西，我们还是会得到同样的结果。

（还要提到的是，这也证明了1/4玻片并不是引起光子从光波变成粒子，并改变了探测屏幕上的冲击点的原因。即使放置了1/4玻片，我们还是获得了干涉图形。我们的知识与光子或电子似乎发生了关系，对它们的行为产生了影响。）

是的，确实诡异。可是这种结果都屡试不爽地出现了。这些结果告诉我们，观测者决定了"外在"实体的实际表现。

情况会不会变得更怪异呢？且慢，现在我们来试一试某种更极端的事情——2002年才首次做过的一个实验。迄今为止，这个实验通过干预路径P，消除掉了路径的信息，然后测量它的孪生光子s。也许，在光子p和光子s之间发生了某种交流，使s知道我们会知道什么，因此发出成为粒子或光波的信号，或者产生、或者不产生干涉图形。也许当光子p遇到偏振片时，它就以无穷大的速度向s发送一个瞬间信号（instant message, IM），因而光子s就知道它必须立即物化成一个真正的实体，这个实体必须是一个粒子，因为只有粒子才能穿过一个或另一个狭缝，而不是同时穿过两个狭缝。而结果就是：没有干涉图形出现。

为了检查是否确实如此，我们再来做一件事。首先，我们把光子必经通过抵达探测屏幕的那一段距离P延长，这样就会使它们用更长些的时间到达那里。这样，选择S线路的光子将会首先撞击到它们自己的探测屏幕。但非常怪异的是，结果并无变化！当我们在路径S上插入1/4玻片时，干涉条纹就消失了，而当我们在路径P上插进偏振频率干扰器，并去掉让我们确定s光子的路径信息的符合计数的测量时，干涉条纹就再度出现了。这是怎么回事呢？选择路径S的光子已经完成了它们的行程。它们既可能通过一个狭缝，也可能通过另一个狭缝，或者两个狭缝都通过。它们既坍塌了自己的"波函数"成为一个粒子，又没有这样做。游戏结束了，行为完成了。在孪生光子p遇到会使我们失去路径信息的偏振干扰装置之前，它们每一个都击中了最终的探测屏幕，被探测到了。

光子会莫名其妙地知道我们是否会在将来获得路径的信息。在分开距离的孪生粒子遇到我们的干扰装置之前，就决定不坍塌成粒子。（如

第8章 最令人惊异的实验

果我们拿开 P 路径上的干扰装置,则路径 S 上的光子就突然变成粒子,P 路径上的光子再次抵达它们的探测屏幕并且激活了符合计数器。)光子不知为什么就知道路径的标志是否会被消除,即使它或它的孪生光子都还没有遇到消除的机制。它知道,当它的干涉行为可能出现时,当它可能可靠地维持它模糊的双狭缝幽灵的实体性时,因为它显然知道光子 p 还在远处——正准备最后撞击干扰装置,这就会最终阻止我们知道光子 p 走的是哪个路径。

设计什么样的实验并不重要。我们的思维及其认识或对其无知,是决定这些光束或物质的行为的唯一原因。

这也迫使我们思考空间和时间。两种情况会不会有一种是真实的:如果孪生光子在变化发生之前就根据信息采取了行动,一瞬间就拉开了跨距离,就像它们之间并未分开一样?

一次接一次的观测始终证实了量子理论的相关观测者效应(observer-dependent effects)。在过去 10 年中,国家标准和技术研究所(National Institute of Standards and Technology,NIST)的物理学家实施了一项实验。这项实验等于证明,在量子的世界中,"守着水壶烧不开水"。该所的一位研究人员彼得·考文尼(Peter Coveney)说:"看来,观察一个原子的行为会阻碍它发生变化。"(从理论上讲,如果目不转睛地盯着一个原子弹看,即是说,如果你能每千万万亿分之一秒就检查一次它的原子的话,它就不会爆炸。不过这只是另一次实验而已,这个实验支持了这个理论:人类的观测对物质世界的结构和微小的物质及能量单元有影响。)

过去 20 年中,量子理论已经表明,原则上,一个原子在受到持续观察的情况下,它就不能改变其能量状态。那么现在来检视一下这个观念。国家标准和技术研究所的激光实验团队把一束带正电的铍离子(好比上面所说的水)置于磁场中的一个固定位置上(相当于上面所说的水壶)。他们用射频电场的形式来加热这个壶,射频电场会使原子的能量状态从较低跃迁到较高。这个能量转换过程通常要用约 0.25 秒时间。但是,当研究者用一个由激光产生的极短光脉冲每 4 毫秒检查一次原子时,尽管对它施加了力量,但原子的能量状态并未有所升高。看来观测过程给原子"加了一点力",迫使它们回归到低能量的状态——实际上是让系统重新归零了。在日常感觉意识的经典世界中没有类似的现象,显然是观测者的作用使然。

不可思议?诡异?很难相信这种效应是真实的。这是一个令人感到奇妙的结果。当量子物理学还处在发现的早期时,即20世纪的开初,某些物理学家对实验的发现抱着不可能或未必可能的不屑态度。回想一下爱因斯坦对这个实验的反应很有意思:"我知道这件事没有矛盾,但在我看来,这件事具有某种非理性。"

就因为随着量子物理学的出现和客观性的衰落,科学家开始再度思考这一古老的问题:把世界作为一种思维形式来理解的可能性。在一段从普林斯顿高级研究所(The Institute for Advanced Study at Princeton)到位于默瑟街(Mercer Street)的路上,爱因斯坦阐述了自己对客观外界真实的持续的迷恋和怀疑,这时他问亚伯拉罕·派斯(Abraham Pais),他是否真的相信,如果不看月亮,月亮就不存在?自那以后,物理学家就分析和修正方程式,企图达到一种绝不依赖观测者环境的自然法则的状态。而实际上,20世纪最伟大的物理学家尤金·魏格纳(Eugene Wigner)说过:"要以完全一致的方式而又不考虑(观测者的)意识,用公式来表达(物理学)定律,是不可能的。"因此,当量子论暗示意识必须存在时,就不言自明地表示思维内容就是最终的真实,只有观测者的行为才能为真实赋予形状和形式——从草地上的蒲公英到太阳、风和雨。

所以,生物中心主义的第四个原理是:

生物中心主义的第一个原理:我们感觉是真实的东西是一个与我们的意识有关的过程。

生物中心主义的第二个原理:我们的外在和内在感觉是相互纠缠在一起的。它们是一个硬币的不同两面,不可分开。

生物中心主义的第三个原理:亚原子粒子——实际上所有的粒子和对象——与观察者的在场有着相互纠缠作用的关系。若无一个有意识的观察者的在场,它们充其量处于概率波动的不确定状态。

生物中心主义的第四个原理:没有意识,"物质"就处于一种不确定的概率状态中。任何可能先于意识的宇宙,都只存在于一种概率状态中。

9 Goldicks's Universe

第 9 章
金凤花的宇宙

无论生命在什么地方,(世界)都会在它的周围展现出来。
——拉尔夫·瓦尔多·爱默生(Ralph Waldo Emerson)

世界似乎是为生命而设计的,不仅是在原子的微观尺度上,而且是在宇宙自身这个层面上。科学家发现,宇宙有一长串特征,使它显得无所不包——从原子到恒星——都是为我们量身定制的。许多人称这一令人惊讶的事实为"金凤花原理"(Goldilocks Principle),因为对于生命来说,宇宙不是"太这样"或"太那样"了,而是"刚好这样"。而另一些人则祈望"智力设计"(Intelligent Design)原理,因为他们相信,宇宙太适合我们了,所以不是偶然的,尽管后一种标签是一个潘多拉的盒子,释放出《圣经》中各种各样的参数和其他与本书讨论有关的主题,甚或更糟糕的东西。无论这个发现叫做什么,正在引起天体物理学界及其他学界的巨大混乱。

事实上,我们正处于美国有关某些观测问题的大辩论之中。我们中的多数人可能都在关注,最近有关智力设计是否可以替代进化论作为公立学校的生物课内容这个试验。支持者断言,达尔文的进化论不过就是一个理论,不能充分解释一切生命的起源,而进化论当然也从未声称要这样做。他们真心相信宇宙本身是智力的产物,大多数人就直接把这种智力称为上帝。而站在另一方的是绝大多数的科学家,他们相信,自然选择可能有一些缺陷,但无论从哪方面看,自然选择都是科学的事实。他们和其他批评者都指责智力设计是《圣经》的创世观念明显的重新包装,因而违背了宪法规定的政教分离。

如果这一辩论是从对宗教的交换进化(exchanging evolution)这个一直有争议的问题变化而来,并转变成更富成效的行动方向,即质疑科学是否能够解释宇宙似乎是为生命而构成的,那就是一件好事。当然,宇宙似乎刚好是平衡的并且是为生命而设计的这一事实,是科学观察的必然结果——而不是对质疑的解释。

此刻,对这个奥秘只有三种解释。第一种解释是"上帝创造的",这个解释无效,即使它是正确的。第二种解释是根据"人择原理"(Anthropic Principle)的推理[8],其中的几种说法有力地支持了生物中心主义,我们将会马上考察这些说法。第三种解释,正是简明扼要、不假外求的生物中心主义。

无论一个人接受什么逻辑,他都不得不面对这样一个事实,即我们都生活在一个非常罕见的宇宙中。

时至20世纪60年代,这一点已经很清楚:如果大爆炸的力量只多出一百万分之一,宇宙就会向外喷发,其速度之快,恒星和世界根本就来不及形成。结果就是:没有我们。甚至更偶然吧,宇宙中的4种作用力和它的全部常数,都为原子反应、原子和元素、行星、液态的水和生命的存在而完美地具备了,但哪怕稍微有一丁点的变化,你是绝不会存在的。

这些常数(及它们的当代量值)有:

第9章 金凤花的宇宙

下表中列出的各种量值出自国际科技数据委员会（CODATA），由美国国家标准和技术研究所（NIST）1998年推荐。

小数点后的最后两位在括弧号内的量值为不确定值。所列出的没有不确定值的量值是准确的。

例如：

m_u	$= 1.66053873(13) \times 10^{-27}$ kg
m_u	$= 1.66053873 \times 10^{-27}$ kg
m_u 的不确定值	$= 0.0000003 \times 10^{-27}$ kg

名称	符号	量值
原子质量单位	m_u	$1.66053873(13) \times 10^{-27}$ kg
阿伏加德罗常数	N_A	$6.02214199(47) \times 10^{23}$ mol^{-1}
玻尔磁子	μ_B	$9.27400899(37) \times 10^{-24}$ J·T^{-1}
玻尔半径	a_0	$0.5291772083(19) \times 10^{-10}$ m
玻耳兹曼常数	k	$1.3806503(24) \times 10^{-23}$ J·K^{-1}
康普顿波长	λ_C	$2.426310215(18) \times 10^{-12}$ m
氘核质量	m_d	$3.34358309(26) \times 10^{-27}$ kg
真空介电常数	ε_0	$8.854187817 \times 10^{-12}$ F·m^{-1}
电子质量	m_e	$9.10938188(72) \times 10^{-31}$ kg
电子伏特	eV	$1.602176462(63) \times 10^{-19}$ J
元电荷	e	$1.602176462(63) \times 10^{-19}$ C
法拉第常数	F	$9.64853415(39) \times 10^{4}$ C·mol^{-1}
精细结构常数	α	$7.297352533(27) \times 10^{-3}$
哈特里能量	E_h	$4.35974381(34) \times 10^{-18}$ J
基态氢	$(r) = 3a_0/2$	13.6057 eV
约瑟夫常数	K_j	$4.93597898(19) \times 10^{14}$ Hz·V^{-1}
磁常数	μ_0	$4\pi \times 10^{-7}$
摩尔气体常数	R	$8.314472(15)$ J·K^{-1} mol^{-1}
动作量值的自然单位（natural unit of action）（暂译名）	$\hbar$	$1.054571596(82) \times 10^{-34}$ J·s

续表

名称	符号	量值
牛顿万有引力常数	G	$6.673(10) \times 10^{-11} m^3 \cdot kg^{-1} S^{-2}$
中子质量	m_n	$1.67492716(13) \times 10^{-27}$ kg
核磁子	μ_n	$5.05078317(20) \times 10^{-27}$ J·T^{-1}
普朗克常数	h	$6.62606876(52) \times 10^{-34}$ J·s; $h = 2\pi\hbar$
普朗克波长	l_p	$1.6160(12) \times 10^{-35}$ m
普朗克质量	m_p	$2.1767(16) \times 10^{-8}$ kg
普朗克时间	t_p	$5.3906(40) \times 10^{-44}$ s
质子质量	m_p	$1.67262158(13) \times 10^{-27}$ kg
里德伯常数	R_H	$109.73731568549(83) \times 10^5$ m^{-1}
斯忒藩-玻耳兹曼常数	σ	$5.670400(40) \times 10^{-8}$ W·m^{-2} K^{-4}
真空中的光速	c	2.99792458×10^8 m·s^{-1}
汤普生截面	σ_e	$0.665245854(15) \times 10^{-28}$ m^2
维恩位移定律常数	b	$2.8977686(51) \times 10^{-3}$ m·K

这些适合生命的物理量值都内建于宇宙之中,犹如编织在纸币中的棉花和亚麻纤维。万有引力常数也许是最为人们所知的,而精细结构常数是用来判断生命的,称为"α"(阿尔法)。如果它正好是1.1的倍数,或超过了它的现在量值,那么恒星中就不再会出现聚变反应。精细结构常数受到了非常密切的观察,因为大爆炸产生了近乎纯净的氢和氦,此外几乎别无他物。生命需要氧和碳(水自身就需要氧),但这本身并不是个大问题,因为氧是在恒星的核心中产生的,是核聚变的最终产物。而碳的故事又另当别论了。那么,我们身体中的碳又是从何而来的?答案是在半个世纪以前发现的,当然与那些制造出比氢和氦都重的全部元素的工厂有关——在太阳的中心。当较重的恒星后来爆发成为超新星时,这些物质释放到它们周围的环境中,与星际氢气中的星云聚集在一起,变为构成下一代恒星和行星的物质。当这发生在刚形成的一代恒星上时,其更高比例的较重元素或金属,以及那些最终爆发的更大块的物质,都使它们自身更加充实。这一过程不断重复发生。在我们仰望的宇宙森林中,我们的太阳是第三代恒星,它周围的行星都包含构成地球上一切有机体的物

质,组成了这个十分丰富的第三代复合物质的清单。

尤其对碳来说,它存在的关键在于核聚变过程本身有一个怪癖,那就是让太阳和恒星发光的反应。当两个运动速度极快的原子核或质子相撞,并融合成一个较重的元素(通常是氦)时,最普通的核反应就发生了。不过融合生成的元素可能会更重,特别是在恒星的阶段。这一过程本来是不能产生碳的,因为从氦到碳的所有的中间阶段都涉及到高度不稳定的原子核。那么,产生碳的唯一方式就会是三个氦原子核同时发生碰撞。但即使是在狂暴的恒星内部,三个氦原子核在一百万分之一秒(1微秒)中同时碰撞的可能性是非常小的。弗雷德·霍伊尔(Fred Hoyle,不是那个因制定信用卡规则而著名的人,而是坚持恒稳态宇宙理论(steady state theory)的那个人。那一宏大构想在1960年代可悲地消亡了)曾经正确地断定,恒星内部发生的某种异乎寻常和令人震惊的事,可能极大地增加了三个氦原子碰撞的罕见可能性,从而为宇宙提供了丰富的、每个生物个体中都有的碳。此中的秘诀在于一种"共振",不同的效应会聚集在一起形成某种意想不到的东西,就像60多年前的大风与原来的塔科马海峡吊桥(Tacoma Narrows Bridge)的结构发生共振,使这座吊桥剧烈摇晃而坍塌。原来,碳具有适当能量时会处于共振状态,导致恒星产生大量的碳。而碳的共振反过来又直接受到强作用力的量值的支持,而这种强作用力,就是在每个原子核中对外把时空中最远村落中的一切都黏合起来的力。

虽然强作用力仍然神秘莫测,但它对我们所知的宇宙却至关重要。它的影响范围仅限于原子的边界之内。而实际上,它的力量衰减得非常快,到达巨大原子的边缘时,已经很乏力了。这就是为什么像铀这样的巨大原子很不稳定的原因。原子核内最外面的质子和中子处于壳层的边缘上,强作用力在这里很脆弱地维系着,因此,一个粒子偶然逃离了强作用力的铁掌并且衰减,就把原子变成了某种另外的东西。

如果强作用力和重力都令人惊异地扭曲,我们就不能忽视所有的原子中都有的电磁力在电磁关系中的主导地位。伟大的理论物理学家理查德·费曼(Richard Feynman)在他的《光和物质的奇怪理论》(*The Strange Theory of Light and Matter*,普林斯顿大学,1985)书中讨论这个问题时说:"这个问题自从50多年前发现以来,就一直是个谜,所以最好的理论物理学家都把这个数字写在墙上，并为之感到不安。你会立刻就想知道这个用来做耦连（for a coupling）的数字是从哪儿来的：它与 π 有关？抑或与自然对数的底数有关？谁都不知道。这个问题是物理学中一个最难解的谜：这是我们遇到的一个无人能理解的幻数。你可以说这个数字是'上帝之手'写出的，但'我们却不明白上帝的笔是怎样写的'。我们知道要做哪种实验来非常准确地测量这种数字，但我们不知道要在计算机上做哪种事情，才能让这个数字出现，而不用在输入时悄悄做手脚。"

填写好单位时，这个数字等于 1/137，其意义是一个电磁学常数，为 4 个基本作用力之一，它有助于原子存在，并使全部可见宇宙得以存在。它的量值出现任何微小的改变，我们都不会在这个世上。

这种事实上的怪异现象，强有力地影响到现代宇宙学的思想。那么，宇宙学家的理论究竟是否必须近乎真实地对我们活在这个根本不可能的现实中的原因作出解释呢？

"完全没有必要。"普林斯顿的物理学家罗伯特·迪克（Robert Dicke）在 1960 年代写的论文（1974 年由布兰登·卡特〈Brandon Carter〉详细阐述）中如是说。这一观点被称为"人择原理"（the Anthropic Principle）。卡特解释道，我们能够期望观测到的东西，"一定要受到我们作为观测者在场的必要条件的限制"。换句话说，如果重力比头发丝稍重一点，或者大爆炸的强度稍微弱一点，那么宇宙的寿命就会大大缩短，我们就不会在这里思考它了。因为我们在这里，所以宇宙就一定会是现在这样，所以并非根本不可能。案子结束了。

照此推理，就没有必要发出幸运宇宙的感叹了。我们看似幸运，令人怀疑的特定地点、温度范围、化学和物理环境，都是生命的产生恰好需要的。如果我们在这里，则这就是我们必须在周围找到的条件。

这个推理就是现在人们所知的人择原理的"弱"解释（version of the Anthropic Principle，VAP）。而"强"的解释，即那个更紧密地围绕在哲学边缘的解释，显然是支持生物中心主义的，它认为，宇宙必须具有允许生命在它的内部发展的性质，因为它显然由于是为产生和支持观测者这一目的而"被设计出来的"。但是，没有生物中心主义，强解释的人择原理就没有解释宇宙必须具有支持生命的性质。再深入一步，发明"黑洞"这

第 9 章 金凤花的宇宙

个术语的已故物理学家约翰·惠勒(John Wheeler, 1911—2008)提出了现在称之为"参与性人择原理"(Participatory Anthropic Principle, PAP)的主张；观测者必须把宇宙纳入存在中来。惠勒的理论认为，生命出现之前的地球(pre-life Earth)就像薛定谔的猫那样[9]，都将以不确定的状态存在。只要观测者存在，受到测量的宇宙的各方面就被迫分解成一个状态，即一个包含了似乎生命出现之前的地球的状态。这意味着，在意识事实上存在之前，有生命之前的宇宙可能只能是追溯性地存在。(因为时间是意识的想象，就如我们很快会看到的那样，所谈到的全部之前和之后的内容，在严格意义上并非正确，但提供了一种可见事物的方法。)

如果在观测者强行分解之前，宇宙处在一种不确定的状态中，而这种非确定的状态包含了各种基本常数的确定性，则分解就必然会以考虑到观测者的方式衰减，因此，这些常数只能以允许生命存在的方式分解。生物中心主义因此而支持和建立在约翰·惠勒的关于量子理论要向何处去的结论，并提供一种解决人类问题的方案，这一方案比其他任何方案更独特、更合理。

不用说，人择原理的后两个解释对生物中心主义都是有力的支持，天文界中许多人似乎都很接受最简单的人择原理解释，至少是以保护的方式接受。本书的作者之一询问加利福尼亚大学的天文学家阿历克斯·菲利彭科(Alex Filippenko)的观点时，他说："我喜欢弱人择原理。如果使用得当，这个原理有预测价值。"说到底，他补充道，"对宇宙那些似乎让人厌烦的特性作点小改动，可能就容易产生出一个人人都不感到厌烦的宇宙了。"

啊——，这一点却是宇宙做不到的，也不可能做到。

不过，坦诚地审视一切观点，还是应该指出，某些批评者怀疑，弱人择原理是否只是一个循环推理或逃避解释无数物质宇宙的特性的灵巧办法。哲学家约翰·耐斯利(John Leslie)在他 1989 年的《宇宙》(*Universes*, 有 1996 年的重印版)一书中说："一个人面对 100 个行刑者的射击，如果每一发子弹都没射中他，他会非常惊愕。他一定会对自己说，'他们肯定都没射中我；这种感觉太好了，否则我就不会在这儿纳闷为什么他们都没射中我了。'但是，任何有他或她的想法的人都想知道，这种不可能的事怎么会发生。"

而生物中心主义却提出了为什么都射不中的解释。如果宇宙是由生命创造的,那么不允许生命存在的宇宙就不可能存在。这与量子理论完全相符,也与约翰·惠勒的观测者必须把宇宙纳入到存在中的"参与的宇宙"相符。因为,假如确实曾经有一个这样的时间,在观测者出现之前(某种概率——或几乎全部——不考虑生命),宇宙处于不确定的概率状态的话,当观测开始,宇宙坍塌成为一种真实的状态时,它必然坍塌成为一种允许让它坍塌的观测。有了生物中心主义,金凤花的宇宙之谜就消失了,生命和意识在宇宙的形成中的决定性作用就清楚了。

宇宙什么特性都可能会有,却恰好具有了现在这些适宜生命的特性。换个思维想:如果宇宙确实是以生物为中心的话,你所具有的就正好是必须见到的东西,以这个无可置疑的事实为中心,你也因此有一个令人惊讶的不可能的巧合。不管怎样,随机滚动的撞球般的宇宙这一概念,本来有任何力量自诩其量值范围无所不在,但却异乎寻常地成为生命所需的这个特定宇宙,令人匪夷所思到荒唐至极。

假如这些一切都显得太荒谬了,那就考虑另一个可选的解释,这就是当代科学说服我们相信的:整个宇宙都是为我们的存在而精心定制的,在绝对的虚无中突然就存在了。哪一个正常思维的人会接受这个解释?大约140亿年前,我们突然无中生有地得到了比 10^{15} 亿吨还多100万亿倍的物质,有人对此提出过可信的看法吗?无声的碳、氢和氧分子可能会因偶然结合而变成意识——知觉!——然后用这种意识去品尝热狗的味道、欣赏蓝调音乐,有人对此做出过解释吗?自然的随机加工怎么可能将这些分子以混合物的方式混合起来达数十亿年之久,然后就会蹦出啄木鸟和乔治·克鲁尼(George Cloondy,美国当代著名电影演员)来了?谁能想象出宇宙的边缘?无边无际?粒子是怎么从虚无中突然涌出来的?要不这样设想一下,有许多必须处处都存在的额外维度,这样才能让宇宙在本质上由连锁的线和环组成?或者,解释一下,普通的元素怎么能自行重新排列,这样它们就不断获得自我意识并且厌恶通心粉沙拉?再或者,在几十种作用力和常数中,其每一种如何对生命的存在作精确的微调?

科学不过是在它的基本层面上妄加解释宇宙,这难道还不清楚吗?

第 9 章 金凤花的宇宙

科学在研究事物的过程和机制,以及用材料制造非凡的新装置等方面,都取得了很大的成功,它以此提醒我们,科学对整体宇宙中的自然的解释,摆脱了显然是荒谬的"解释"。如果科学没有给我们高清电视(HDTV)和乔治·福尔曼(George Foreman)拳王炙烤炉[10],当遇到这些最大的问题时,它就不会足够长久地吸引我们的注意和尊敬去抽取老式的"三公纸牌"(three-card Monte)了[11]。

除非一个人因为精通和重复而赢得点数,以意识为基础的宇宙跟它的替代品相比,看上去肯定不是牵强的。

现在我们再加上另一个原理:

生物中心主义的第一个原理:我们感觉是真实的东西是一个与我们的意识有关的过程。

生物中心主义的第二个原理:我们的外在和内在感觉是相互纠缠在一起的。它们是一个硬币的不同两面,不可分开。

生物中心主义的第三个原理:亚原子粒子——实际上所有的粒子和对象——与观察者的在场有着相互纠缠作用的关系。若无一个有意识的观察者的在场,它们充其量处于概率波动的不确定状态。

生物中心主义的第四个原理:没有意识,"物质"就处于一种不确定的概率状态中。任何可能先于意识的宇宙,都只存在于一种概率状态中。

生物中心主义的第五个原理:唯有生物中心主义才能解释宇宙的真正结构。宇宙对生命做精微的调节,使生命在创造宇宙时产生完美的感觉,而不是相反。宇宙纯粹是它自身完整的时空逻辑体系。

10 **No Time To Lose**

第 10 章
无可失却的时间

那里荒凉萧瑟,充满惊人的怪诞,
超越了空间——超越了时间
——埃德加·爱伦·坡(Edgar Allan Poe):《梦境》(1845 年)

由于量子理论对我们所理解的时间存在越来越怀疑,那我们就直截了当进入这个出人意料的古老科学问题吧。乍看上去,这个问题可能无关紧要,但对宇宙性质的任何基本看法来说,时间的有和无都是一个重要因素。

在生物中心主义看来,我们感觉时间向前运动,其实只是未经思考地参与世界上无数活动的结果,只是表面上流畅和连续的路径导致的产物。

我们每时每刻都处在"箭"(The Arrow)的悖论边缘上。这个悖论最早由 2 500 年前的哲学家埃利亚的芝诺(Zeno of Elea)所描述[12]。他以"没有物体能同时处在两个地方"为逻辑的起点推理:在任何特定的瞬间,一支飞行的箭只处在一个位置上。但是,假如它只在一个位置上,它就必然立即停止下来。所以,箭必须在某个地方的某个特定地点上的每一时刻的轨道上出现。于是,从逻辑上讲,运动本质上并不是真实发生的情况,而是一系列独立的事件。这或许是时间向前运动的最初表征——箭的运动体现了时间的向前运动——这不是外在世界的特征,而是我们内心某种东西的投射,就像我们把正在观察的东西绑在一起那样。照此推理,时间不是绝对的实在,而是我们思维的特征。

事实上,很久以来,时间的实在性受到哲学家和物理学家的奇怪联盟的质疑。哲学家认为,"过去"只是以观念存在于思维之中,而思维本身不过是纯粹当下发生的神经电学事件。

哲学家坚持认为,未来同样不过是一种精神的构想,一种预期,一堆思想。因为思维本身仅仅发生在"现在"——时间在哪里?难道时间是独立存在的,与人类的观念(人类的观念不过是为了方便建立公式或描述运动和事件)无关?如此看来,只需简单的逻辑就能质疑是否有存在于"永远的当下"(eternal now)之外的事物,而"永远的当下"包括人类精神上的思想倾向和白日梦。

而对物理学家来说,找到一切对实体有效的模式——从牛顿定律和爱因斯坦的引力场方程到量子力学——都不需要时间。它们在时间上都是对称的。时间是一种寻找功能的概念——当我们谈到变化(有加速度的时候除外),就如我们将会看到的那样,变化(通常用希腊语大写字母 Δ 这个符号表示)是与时间不同的东西。

通俗地讲,时间通常被称为"第四维度"。这个说法常常让人大吃一惊,因为日常生活与空间领域并无相似之处。关于这一点,我们来复习一下基础几何学:

直线　直线是一维的,弦理论中的直线例外。弦理论对一维的直线产生了一个例外:它的能量/粒子线非常细,以至于它们延伸出的点完全不构成实际的坐标。与一个原子核相比,它们微不足道的厚度的比例等于一个质子与一座大城市之比。

平面　就像平整墙面上的投影,有长和宽两个维度。

立方体　像球体或立方体都有三个维度。人们有时说实际的球体或立方体需要四个维度,因为这样才会持久。它的留存或者甚至变化意味着,除了空间坐标是它存在的一部分之外,还有某种"另外的"存在,我们

第10章 无可失却的时间

把这称为时间。但是,时间是一种观念还是一种实在呢?

就科学而言,时间似乎只在一个领域中是不可或缺的——那就是热力学。如果没有时间的推移,热力学第二定律就毫无意义。热力学第二定律描述了熵(entropy,从较大到较小结构的过程,就像你的衣柜的最底层一样)。没有时间,熵就不会发生,甚至没有意义。

考察一个装有苏打水和冰块的杯子。起初它有一定的结构。冰与液体是分离的,气泡与液体也是如此,冰和液体都有不同的温度。但过一会儿冰融化了,苏打不产生气了,杯子里的东西融合成非结构的一体。除了有蒸发之外,再无进一步的变化发生。

这种脱离结构、朝着同质方向的活动,随机、无活力的演变就是熵。这一过程弥漫在宇宙中。根据几乎所有物理学家的观点,长期来看,熵会在宇宙中占据优势。现在我们看到的单一热点如太阳,正在向其寒冷的周围释放出热量和亚原子粒子。现存的结构正在缓慢地分解,而熵,即这种全面的结构的丧失,是最大尺度的单向过程。

在经典科学中,没有时间的方向性,熵就没有意义,因为这是一个不可逆的机制。事实上,熵定义了时间的箭头。没有熵,时间就没有必要存在。

但许多物理学家对有关熵的这种"保守智慧"提出了质疑。并不是由于结构的丧失和瓦解的动作代表了一种具体的时间方向,而是可以把它视为一种随机行为的证明。事物的运动,分子的运动。它们当下就在这样运动着。它们的运动是任意的。一个观测者会很快注意到先前结构的耗散。为什么它们要让箭朝着那个方向?难道我们不应该认为,这种随机的熵是非本质性的一个例证或时间的实在,而不是相反吗?

例如,我们让一间屋子充满氧气,隔壁一间屋子充满纯氮气。我们打开门,一个星期后回来。现在我们发现,两间屋子的每一间内两种气体都完全混合了。我们如何思考发生了什么呢?"熵"的观点说,"随着时间的过去",原来井然有序的组织丧失了,现在我们稍许有一点儿随机化。这是不可逆返的。它证明了时间的单向性质。但另一种观点是,分子发生了运动。而运动不是时间。自然的结果就是混合。这很简单。其他任何东西都是人类对我们认为是有序的东西的强加。

这样看来，作为结果的熵或结构的丧失，只是我们感知模式的思维方式和秩序的丧失。"轰"的一声，科学最终需要的真实的实体时间就出现了。

时间是实有还是无有，当然就成为一个古老的争论。实际的解答可能似真亦幻、更加复杂，因为可能有许多层面上的物质真实，这些真实与我们对时间的纯粹主观感觉一样，似乎可以在某种层次上起作用（例如生物的生命），但却并不存在或与其他事物无关（如微小的量子领域）。不过基本特征总要出现。

这里作一个有趣的补充，过去20年或30年中，研究时间问题的物理学家意识到，如果时间存在，就像一切物体必须具有形状那样，它需要有流动的方向。这就出现了能够改变其进程的"时间之箭"的问题。连斯蒂芬·霍金也曾经相信，只有当宇宙开始收缩时，时间才会倒回去。但后来他好像要证明这个过程，所以改变了想法。无论如何，时间的倒回（虽然终究不会成功）并不像它开始就像螺旋形那样。

我们对此持反对态度，因为我们认为这意味着结果先于原因，这是没有道理的。一起严重车祸是令人恐怖的事，事发后，受伤者立即痊愈，毫发无损，失事的车辆跳转回去恢复形状，自行修复完好如初。这不仅是荒谬的，而且达不到任何目的，比如说，在这种情况下，会有害地引导人们开车时使用手机。

通常对这个反对意见的回答是，如果时间倒回去，包括我们自己的心智过程在内的一切都会按新的方向运作，如此一来，我们就不会注意到任何缺陷。

但是，无论怎样看待时间的性质，这种无穷无尽、难以解答和似乎荒谬的问题却产生了一个令人欣喜的结果——生物中心的内在建构，这是生物学的一种创新，这种创新对于某些生物体的智力回路的实际运行具有独特的支持，有助于特定功能的活动。

为了理解这一点，想想看，你正在观看一部射箭比赛的电影，心里想着芝诺之箭的悖论。一个射箭者射出箭，箭飞出去。摄像机从射箭者的箭弓到目标跟踪拍摄箭的轨迹。突然，轨迹停在一帧静止的箭的画面上。你凝视着这支飞在半途中的箭的图像，这是你在真实比赛中显然做不到的事。暂停的电影使你非常精确地知道箭处在的位置——它刚飞射出观众台,高于地面20英尺(6.1米)。但你却不知道有关它的动量(momentum)的全部信息。它的去向不明;它的速率为零。它的路径、轨迹也不再清楚。它是不确定的。

要精确测量任何特定瞬间的位置,就要锁定一个静态画面,就不妨让电影"暂停"。反之,一旦你观测到动量,你就不可能隔离一帧画面——因为动量是许多帧画面的总和。你无法完全精确地了解一幅和其他画面。一个参数的清晰会引起另一个参数的模糊。当你返回原处时,无论是运动还是位置都有不确定性。

最初有人设想,在运用量子理论的过程中,这种不确定性是由于某种技术性的不足——实验者或他采用的手段、实验方法缺乏精密性。但很快情况就清楚了,不确定性实际上是真实的固有性质。我们只能看到我们正在观看的东西。

当然,从生物中心的观点来看,这一切都产生完美的感觉:时间是动物感觉的内在形式,这种感觉使空间世界的事件——一幅幅的静态画面——充满了活力。思维使世界变得像电影播放机中的发动机和齿轮那般生动。每个电影播放机都把一系列的画面——一系列空间状态——编织成规则,编织成"当下"的生活。运动是在我们头脑中同时运行"电影细胞"而产生的。记住,你感知到的每一个事物——甚至本书的这一页——都以活跃和反复的方式重建在你的头脑之中。此刻就在对你发生这样的事。你的眼睛并不能看穿脑的颅壁,一切经验,包括视觉经验在内,都是你脑中一连串有组织的信息。如果你的头脑能使它的"发动机"停止一刻,你就会获得一幅定格图像,如同电影播放机把箭隔离在一个没有动量的位置上那样。事实上,可以把时间定义为空间状态的内在总和,用我们的科学工具测量的同样事物,称为动量。空间就像锁定的一幅单帧画面那样,可以定义为位置。因此,"通过空间的运动"是矛盾的表述。

海森堡的测不准原理(uncertainty principle)的根源正在于此:位置(空间处所)属于外部世界,动量属于内部世界(包含把静态的"电影细胞"加在一起的时间构件)。科学家追根溯源,简化出了宇宙最基本的逻辑,时间绝不是外在空间世界的特征。海森堡说:"今天,当代科学比以往任何时期都更受自然本身的逼迫,再次提出用精神过程理解真实的可能性这一古老问题,并用稍微不同的方式解答之。"

闪光灯的比喻可能有助于说明问题。灯光的迅速闪烁截下了快速运动物体的快照——就像迪斯科舞厅中的舞者。下蹲、劈腿、打响指的动作,都成了静止姿式。动作暂时静止下来。一个静止动作接着另一个静止动作。在量子力学中,"位置"就像一张闪光快照。动量是由许许多多生活画面的总和。

空间单元是呆滞的,单元之间或画面之间并没有什么"东西"。编织在一起的画面出现在头脑中。在电影出现之前,旧金山的摄影师艾德沃德·迈布里奇(Eadweard Muybridge)可能是第一个不自觉模仿电影拍摄的人,他成功地把动作捕捉到胶片上。在19世纪70年代末,他在一个赛马场中安装了24台静物照相机。当一匹马飞奔跑动时,撞断了一连串拉线,绊开了每台照相机的快门。马的步态就被一帧接一帧地分解成一系列画面。动作幻觉是静止画面的总和。

2 500年之后,芝诺之箭的悖论终于有了意义。芝诺曾经为埃利亚哲学学派(The Eleatic School of philosophy)所作的才华横溢的辩护是正确的。沃纳·海森堡也是正确的,他说:"只有当你观察到一条路径时,它才会显现为存在。"没有生命,既没有时间也没有运动。实在并不是就"在那里"、有明确的性质等着人们发现,而是根据观察者的行为而显现为存在的。

那些假定时间就是存在的真实状态的人,根据逻辑上的深思熟虑,认为时间的运行应该也是有效的——某些人滥用了量子理论来证明这一点。极少数理论家极端重视时间运行的可能性,或其他与我们的时间平行的时间维度的存在。除了违背公认的物理定律之外,还有这样一些小细节:如果时间的运行确实可能,能让人们返回到过去,那么,他们去往哪里了呢?我们从未听到过从未来返回来的人的传说。

连时间流动的快慢似乎也随感知而变化,现实中,时间肯定是变化的。我们把望远镜指向那些我们会看到时间演变相对更滞缓的地方,再观察那些仿佛数十万年前就存在的地方。时间的构成犹如香肠一般,似乎是奇怪而难以捉摸的。

第10章 无可失却的时间

我们用一个简单设想的实验来澄清通常时间流动的变化。假如你从地球上升空,从火箭的后窗向外看,用望远镜观察发射台附近正在欢呼发射成功那些人。你每一时刻都在远离他们,所以每一时刻他们的形象与你的眼睛的距离更远,其到达的时间因此延迟,大大晚于电影最后那一帧画面的时间。其结果是:在缓慢运动中呈现的一切事物,其欢呼令人沮丧地冷淡。快速离开我们的东西不会呈现在慢速运动中。因为几乎宇宙中的一切都在后退,所以我们以一种梦幻般的强迫性慢速摄影方式凝视着天空,几乎所有宇宙事件的发生都是以虚假的时间画面展现的。

这就是一位叫欧尔·诺默尔(Ole Roemer)的挪威人在两个世纪之前发现光速的真正由来:他注意到木星的卫星有一年半的时间在减速,并意识到围绕太阳轨道旋转的地球当时正在离开这些卫星,于是能够在光速的真值的25%之内计算出它。相反,另外的6个月中,那些卫星看上去将会加速,就像外星世界中的居民会以一种向前快进的加速度做事,在越来越靠近的航天员看来,那就像查理·卓别林(Charlie Chapin)行走的样子。

然而,叠加在这些幻象上的不可避免的失真,那就是实际时间在高速或更强大的引力场中变慢。这个现象并不是我们仅用貌似理性化的解释就能应付过去的,就像做了错事而迟迟不归的配偶那样。这就使奇异的远端放大了。

一个人的速度接近光速时,"时间膨胀"的效应很小,之后就会有惊人的效应。达到光速的98%时,时间以它的正常速度的一半运行。达到光速的99%时,它的运行速度就是正常速度的1/7了。我们知道这是真实的,确实如此,并非假想。例如,当空气分子在我们的大气层上受到宇宙射线的连续撞击时,它们就被粉碎而分离,就像一堆台球被撞散那样,其内部结构以接近光速的速度向地球喷发。这些物质中的一些亚原子似子弹状物穿过我们的身体,在体内可能会击打基因物质甚至导致疾病。

不过,它们还不至于抵达我们的身体来干这种坏事。亚原子物质的寿命极短,所以这种 μ 介子的正常无害衰减期为一百万分之一秒——太快了,所以自始至终难以运行到地球表面。它们能够抵达我们这里,只是因为它们的速度太快所以时间被减慢了,而虚假时间扩展开来的幻觉世界允许它们进入我们的身体。所以相对论效应绝非假设,它们经常带来导致死亡和疾病的有毒祭品。

在一艘火箭上以光速的99%的速度旅行,你会享受到随之而来的7倍的时间膨胀:从你的角度看,什么都没改变;10年旅行中你的年龄增加了10岁,但等到你返回地球时,你发现已经过去了70年,你的老朋友都已不在人世,所以没人前来迎接你。(由一个著名的公式,可以按你想考虑的速度计算出时间的变慢,见附录1中的洛伦兹转换。)

所以,命中要害的是事实而不是理论:你和飞船上的同行人确实度过了10年,而"与此同时",地球上的时间已经过去了70年。抽象的论证于是失败了。此处过去仅10年,而彼处一个人的生命已经消逝。

你可能会忿忿不平,时间不应该有优先状态。那么,怎样才能对谁老得更快或更慢作出定性呢?在没有优先位置的宇宙中,地球的运转循环往复,而你却可以要求固定不动?地球上的居民为何不该老得更慢呢?物理学给出了解答。

假如你是那个活得更久的人,那么就应该由你给出答案。答案是这样的:正是你感觉到了旅程中的加速力和减速力。所以你不可否认,是你而不是地球在航行。任何悖论都被消灭在了萌芽状态;去旅行的人也知道谁应当经历时间的变慢。

爱因斯坦告诉我们,时间不仅要突变,用它的流速率(rate of passage)的变化表现出它自身独特的流逝习性,而且还要远距离收缩——这是一种完全不可意料的现象。某人以光速的9.999 999 999%的速度极快地向银河系中心疾驰,会体验到22 360倍的膨胀效应。这个人的钟表计时1年,与此同时,对其他人来说,223个世纪已经消逝。来回往返投入的时间不过两年,返回家园之时,令人痛心的520个世纪已经灰飞烟灭。可是从旅行者的角度来看,时间只是正常地过去了,而与银河系中心的距离变成了1光年。如果一个人能以光速旅行,他会发现自己立即就出现在宇宙的任何地方。如果一个光子有感知的话,它肯定会体验到这种状况。

所有这些效应都与相对论有关,即把你与别人的时间感知和测量结果做比较。这些都意味着,在最低限度上,时间显然并非一个常数,任何随着环境变化而改变的量项(item)都不可能像光速、意识,甚至引力常数

第 10 章　无可失却的时间

所表现出来的那样,是最基本的,或宇宙的最基本的实体的一部分。

时间从真实的实体降级到一种纯粹的主观经验、一种虚构,甚至社会性成规,这是生物中心主义的核心。除了作为帮助和人们互相认可的日常生活成规之外,时间最终的不真实也是唤起对"外在宇宙"的思维方式提出进一步质疑的有力证据。

即使是从生理机制的方便考虑,人们也应该退一步思考,被割裂、被冥思苦想和备受争议的时间的本质究竟是什么。爱因斯坦用时间-空间观念证明,无论是由参照系还是由速度和重力引起的空间和时间的扭曲,物体的运动为何始终都能产生意义。他在证明过程中发现,在所有情况下,从所有角度上看,当光本身在真空中具有恒定速度,像距离、长度和时间这些事物都不是永恒不变的。

我们人类在社会和科学上努力建构的一切事物,是按照时间和空间的连续方式安排的。宇宙的年龄为 137 亿年,地球的年龄为 46 亿年。在我们这个行星上,数百万年前出现了直立人(Homo erectus),但农业的发明却用了几十万年。400 年前,伽利略支持哥白尼的地球围绕太阳旋转的主张。19 世纪中期达尔文在厄瓜多尔的加拉帕戈斯群岛揭开了进化论的真相。1905 年爱因斯坦在瑞士一个专利局里创立了狭义相对论。

在牛顿、爱因斯坦和达尔文描述的机械的宇宙中,时间就是一个记录事件的总账本。我们认为时间是一个向前运行的连续体,总是朝着未来流动和累积,因为人类和其他动物都是天生的唯物主义者,根深蒂固地被设计成按线性方式思维。日复一日的生活让人们去约会,给植物浇水。我的朋友芭芭拉曾经和她在世时的丈夫吉恩共享过的那张沙发——年轻时在一起读书、看电视、搂抱——在客厅跟多年来收集的小摆设在一起。

但时间并不是一个绝对的实体,而想象的存在就像录音一样。听老式电唱机并不改变录音本身,根据唱针所放的位置,你就听到某一支曲子。这就是我们所称的"现在"。在我们现在听到的歌曲之前和之后,音乐就是我们所称的"过去"和"将来"。以同样方式想象一下,每一刻、每一天,本质上总是永恒的。录音不会消失。所有的"现在"(黑胶唱片上记录的所有歌曲)都同时存在着,虽然我们只能一张接一张地体验这个世界(录音)。我们体验不到"星尘号"(Stardust)经常运转在其中的那个时间,因为我们对时间的体验是线性的。

要是芭芭拉能进入到所有的生命中——整张黑胶录音唱片——她就能以非连续的方式体验生命——她会懂得我,把 2006 年 50 岁的我搭在时间之箭上,那一支箭上有一个蹒跚学步的孩子、一个少年、一个老人。

最终连爱因斯坦也承认:"现在,贝索,"(他的老友之一)"比我早一点离开了这个奇怪的世界。这并不意味着什么。跟我们一样……人们都知道,过去、现在和将来的区别只是一个挥之不去的顽固幻觉而已。"

时间是一支固定的箭,这是人类的建构。我们生活在一切时间的边缘,这是一种幻觉。一种不可逆转的、持续流动的事件连续体与银河系、恒星和地球联系在一起,这是一个更大的幻觉。空间和时间是动物理解的形式——周期。我们就像乌龟背着壳那样背着空间和时间。所以,根本就没有绝对自我存在的、其中发生的物质事件与生命无关的基体(matrix)。

不过,还是让我们来回顾一下更基本的问题吧。芭芭拉想明白时钟是怎么回事。"我们制造出了非常精密的机器,比如原子钟,用来测量时间。如果我们能够测量时间,那不就证明它是存在的了?"

芭芭拉的这个问题提得很好。要知道,我们用升和加仑这种单位量度汽油,并根据这种量化值付款。我们会对某种不真实的东西抱着这种锱铢必较的态度吗?

对于这种问题,爱因斯坦是不屑于谈论的,他只是说:"时间就是我们用时钟来量度的东西。空间是我们用测量杆来量度的东西。"物理学家强调的是"量度"。然而,要强调的也可能正是我们,即观察者,就像这本书坚持讨论的那样。

但如果时钟看起来就像一道难题,那就考量一下,测量时间的能力是否有办法支持时间的物质存在。

时钟是有节奏的东西,意思就是说,时钟具有不断重复的过程。人类利用某些事件的节奏,如时钟的计数来测定其他事件的时间,比如地球的转动。但这并不是"时间",而是事件之间的比较。特别是经过许多时期以后,人类观察到了自然中有节奏的事物,比如,月亮或太阳的周期性、尼罗河的洪水——于是我们就创造出其他有节奏的东西来看它们是怎样关联的,从而达到比较单纯的目的。运动越规则,越重复,对我们的测量目的就越好。人们注意到,在约39英寸(99.06厘米)长的线上的重量装置总是正好在1秒钟内产生一个来回摆动。事实上,"1米"最初就是用这个特定长度来定义的("米"〈meter〉这个名称的意思就是"测量")。后来,用微电刺激使石英晶体产生每秒32 768次的振动这一现象呈现出有用的趋势——这就是现在大多数腕表的基本原理。我们把这种人为的节奏装置称为"时钟",因为它们的重复始终是非常均匀的,不过重复也可以是缓慢的那种,比如日晷的时钟机制就是比较太阳投射到地球运转时光影的长度和位置。换个思路想,原子时钟比普通的机械时钟更精密,可惜的是,其刻度盘和转轮的尺寸都随着温度发生着变化,只有当把它沐浴在电磁辐射精确到每秒9 192 631 770个冲击波时,它内部的铯原子核才保持着特定的旋转状态。因此,1秒就可以被定义(官方定义)为在铯-133原子核的许多次"心跳"的总和。在如此种种情况下,人类运用特定事件的节奏来计算出其他特定事件。但这些都不过是事件,不要与"时间"混淆。

实际上,自然中一切可靠的循环事件都可以(有时候是必然)用来跟踪时间的进程。潮汐、太阳的运转、月亮的相位,都是某些最有意义的自然周期性事件。甚至普通和日常自然事件也可以用来测量时间,虽然不如时钟准确。冰的融化、成长中的儿童、地上正在腐坏的苹果——几乎所有东西可以用来测量时间。

人为的事件也可以利用。例如,陀螺旋转一会之后停了下来。你可以把这个现象与热天中的一个标准冰块做比较,并计算出陀螺的旋转与冰块融化的数量之比,也许陀螺旋转24周等于一个冰块的融化。于是我们可以得出结论,每一个融冰"日"就等于24周陀螺旋转"小时",然后想出一个跟芭芭拉约会喝茶的安排,为时两个半的冰融或60个陀螺旋转,视你们两人谁有可支配的"时间段"而定。很快就能看出,没有变化的事件,什么都不会发生。

因为我们发明了叫做时钟的物体,所以人们承认时间是以物质实体存在的,而时钟比花蕾的绽开或苹果的腐坏更有节奏、更均匀。实际上,真正发生的完全是运动——这种运动就是当下此时的最终限定。当然,我们也保留时间,因为一种普遍认同的事件(例如,我们个人的钟表指到晚上8点)有助于我们留心其他的事件,比如最喜爱的电视剧就要开始了。

我们感觉好像生活在时间的边缘。这是心理上真正感到安慰的所在,因为这意味着我们还是活人中的一个。在时间的边缘上,明天还未发生。我们的未来时日还没玩完。我们的多数后代还没出生。将要到来的一切都是巨大的秘密和巨大的空无(a vast void)。生命还在我们前面延伸。我们走在前面,鞭打着时光列车的发动机,而它无情地向着未知的未来行进。我们身后的一切可以说都是餐车、商务舱、列车员休息室,还有我们难以回溯的若干英里长的轨道。在此刻之前的时间是宇宙历史的一部分。我们的绝大多数祖先,我们对他们一无所知,他们已经死去和消逝了。在此刻之前的一切都是过去,一去不复返了。但是,这种活在前行的时间边缘上的对生命的主观感觉,是一种固执的幻觉,是我们竭力创造出来理解自然的智力组织形式的假象,在这种假象中,日复一日、春去夏来、年复一年。在生物中心的宇宙中,时间并不是连续的——无论我们给时间是连续的这种观念强加了多少习惯的感觉。

假如时间真的是流向未来的,那么,在所有的时间边缘的那一刹那,我们还活在当下,岂不是很离奇吗?想象一下自从时间开始以来已经消逝的所有的时日吧。现在把时间像椅子那样上下相连,堆叠起来,让你坐在最顶端,或者——你要是喜欢加速的话——就再次鞭打时光列车的车头吧。

我们为何现在还活着,存在于时间的边缘之上,对此,科学并无真正的解释。在当前的物理中心的世界观(physiocentric world-view)看来,我们活着不过是一个意外,只有一亿万分之一的机会。

人类对时间感觉的执著,几乎肯定源于习惯性的思维行为,源于逐字逐句的思维过程,因而意念和事件是直观的和可预测的。在心旷神怡的难得时刻,或当有危险或新颖的经验迫使人专注于自己的意识时,时间就消失了,取而代之的是一种难以言喻的自由快乐感,或一心想逃离当下的险境的意念。这种不加思考的体验通常是不能认知时间的:"我看到这个事故慢动作展现的全过程。"

第 10 章　无可失却的时间

总而言之,就生物中心主义的观点来看,宇宙中并不存在与生命无关的时间,而生命却关注着时间;时间确实也不真的存在于生命的前因后果中。不过让我们再来想想芭芭拉的观点:成长中的儿童、变老,我们因所爱的人去世而痛感时间的存在,这些都给人类造成时间在流逝和存在的感觉。我们的孩子已经长大成人。我们老了。我们全都一起变老了。这些都是时间为我们造就的。时间跟我们有关系。

这样我们就有了第六个原理:

生物中心主义的第一个原理:我们感觉是真实的东西是一个与我们的意识有关的过程。

生物中心主义的第二个原理:我们的外在和内在感觉是相互纠缠在一起的。它们是一个硬币的不同两面,不可分开。

生物中心主义的第三个原理:亚原子粒子——实际上所有的粒子和对象——与观察者的在场有着相互纠缠作用的关系。若无一个有意识的观察者的在场,它们充其量处于概率波动的不确定状态。

生物中心主义的第四个原理:没有意识,"物质"就处于一种不确定的概率状态中。任何可能先于意识的宇宙,都只存在于一种概率状态中。

生物中心主义的第五个原理:唯有生物中心主义才能解释宇宙的真正结构。宇宙对生命做精微的调节,使生命在创造宇宙时产生完美的感觉,而不是相反。宇宙纯粹是它自身完整的时空逻辑体系。

生物中心主义的第六个原理:在动物意识的感知之外,并无真实的时间存在。时间是我们在宇宙中感觉变化的过程。

11 Space Out

第 11 章
空间之隔

万神啊！摧毁时间和空间
让两个爱人幸福吧

——亚历山大·蒲柏(Alexander Pope)(1728 年)

我们的动物思维是怎样理解这个世界的呢？

我们受到的教育是存在着时间和空间,它们的明显真实性强化着我们生活中的每一天——每次我们从这里到那里,我们每次去拿什么东西的时候。在生活中,我们多数人在生活中并不对空间作抽象思考。如同时间一样,空间绝对是我们完整的生活的一部分,对它做考量,就像审查走路或呼吸一样不自然。

"毫无疑问空间是存在的,"我们会回答说,"因为我们就生活在它里面。我们在它里面穿行,开车,盖房子。英里、公里、立方英尺、米——都是我们用来测量它的单位。"人们把会议安排在像巴诺书店(Barnes & Noble)二楼咖啡厅内的"百老汇82"(Boardway and Eighty-second)那种地方。我们用清晰的术语谈论空间的维度,通常与时间有关。就是日常生活中的"何时、何事、何地"这一类话题。

时间和空间的理论完全属于动物感觉的感知,作为我们的理解力和意识的来源,是一种新的、也许是抽象难解的东西,而日常经验无法向我们启示这种真实性。但生活却似乎告诉我们,时间和空间都是外在的(也许是内在的)真实。它们似乎包含和约束着所有的经验,对生命来说是最根本的而不是次要的。它们高于并且超越人类的经验,一切冒险活动的展开都被笼罩在这个网之内。

作为动物,我们被组织起来并且约定用地点和时间向我们自己和他人表明经验。历史将人和事件按照时间和空间的安排来解释过去。大爆炸理论、地质学的深层时间说(deep time)[13]、进化论,这些科学理论中都充满了空间和时间的逻辑。我们的实际经验——从 A 点运动至 B 点、平行停车、站在绝壁边上——都证明了空间的存在。

当我们去拿茶几上的一杯水时,通常我们的空间感是毋庸置疑的。杯中的水几乎不会因为动作失误而溢出来。为了让我们自身处在时间和空间的创造者而非从属者的地位上,就要对常识、生活经验和教育来个拨乱反正,让我们每个人根本转变观念,从直觉认识转变为空间和时间仅属于动物感觉的认知,因为这个含义令人非常震惊。

不过我们都本能地知道,空间和时间并不是我们能够看到、感觉、品尝、触摸或嗅到的那种实物。它们有特殊的不确定性。我们不能把它们从一个架子上取下来又放回去,就像在海边看到的贝壳和石头那样。物理学家不能把空间和时间带回实验室去分类,像昆虫学家研究和分类昆虫那样。空间和时间有某些奇怪的区别。那是因为空间和时间不是物质的真实,本质上也是不真实的。它们都是概念上的,这意味着空间和时间都具有独特的主观性质。它们是解释和理解的模式。它们是动物机体的思维逻辑的一部分,是把感觉塑造成多维对象的软件。

与时间一样,空间是人类的另一种构想,一切可以想象的对象似乎都在一个没有墙壁的巨大容器中展示。不幸的是,没有空间却真实有形的感觉经常局限于实验,实验产生了"意识的变化",但参与实验的受试者却报告说,所有分开的对象都会失去其单独个体的真实性。

暂且限于逻辑范围内,我们应该还能看到在一个空间基体(a matrix

of space）中无数分开的对象的模样，这需要首先要知道每个物件，并确认是分开的，以及在思维上形成的模式。

当我们凝视熟悉的对象时，比如桌上有一套餐碟和银餐具，我们知道每个物件都是单个的，被空洞的空间分开的——这是长期的思维习惯使然。没有特别的快乐或超越的经验产生；刀叉和汤匙都不是什么奇妙之物。这些物件都被思维锁定在颜色、形状或用途的界限之内。刀叉的齿尖被看成特征性的部件，仅仅因为人们是这样为它们命名的。通过比较，在刀叉柄端和齿尖之间的曲面部分没有名称，因此对我们来说，它们并不是以真正的独立存在被我们认知的。

想想那些更罕见的场合，猝不及防的全新视觉体验抛开了逻辑思维。例如，到阿拉斯加中部世界上最大的极地去看北极光那狂暴变幻的景象。这时，每个人都喜不自禁，目瞪口呆。这些景象没有各自的名称，总是在突变。而每个景象都难以作为独立的实体来感觉，因为它们在我们规范分类的正常体系之外。在认识这种现象时，空间也消失了——因为对象和它周围的一切也同时随之消失了。整个变幻莫测的景象是一种令人叹为观止的新实体，空间在其中不起任何决定性作用。因此，在非迷幻药物的世界中，这种包罗万象的感觉并不令人感到陌生；这些景象仅需更直接的感知，而无须借助那种绝对是习得的，而不是天生的习惯性概念去认知。

由于人类的语言和思维能力决定了一个对象的结束和另一个对象边界的起始，所以我们偶尔以一些复杂的视觉现象或具有多种色彩和形式的事件为例——比如落日——不能把它再分成部分，并且不能给一个整体视野做上标记。一只麻雀或一个有知识的人，可能会为变幻不定的黄昏的形状和色彩形成的妙不可言的壮丽景色所倾倒。这位有知识的人只会用一个词来标记这个景象——然后其思绪可能就转向落日的其他景观，或联想到诗人对落日抒发的情感等等。另一个例子，可以举出夏天的云那不知疲倦的变化形状，还有无数小溪和汹涌的瀑布中飞动的一簇簇水珠。那里都有大量的空间，但我们并没受限去仔细观察瀑布，并把水的各种组成部分区分开来，在它们快速变化时，为液体流动和水滴或其他元素做命名或鉴定、去想象它们之间的空间。没事找事。要是真的如此，这些整体现象有了"云"、"瀑布"这类单个的标记,按正常的智力分类用空间区格开对象之后,就"到此结束"了。结果,我们端详着我们正在看的对象,认为一切都基本上妥当了,而不是在认知源源不断的精神符号。对尼亚加拉大瀑布的体验(也许是有趣或别的感觉),是亲临这个巨大峡谷的快乐,只是因为,此时我们的习惯思维暂时被密度较小的材料束缚了。与此类似,用声轨记录峡谷中无质感差异的"喧嚣声",无助于丰富思维能力。

古老的禅宗说:"命色而令目盲"(name the colors, blind the eye),此语道出了知识者习惯用命名和标记之弊。用一连串标记来代替生动、鲜活的现实,使经验蒙受严重损失。对于空间来说也是如此。空间,只是概念性的思维方式在辨识出的符号之间的整理和停顿的方式。

无论怎样,这种主观事实现在得到了实验的支持(如我们在量子理论的章节中所看到的那样)。这些实验都有力地说明,对于纠缠的粒子来说,无论它们看上去分开得多远,距离(空间)并没有真实意义。

主中生义心物 无穷无尽的空间和时间海洋?

爱因斯坦的相对论也表明,空间并不是一个常数,不是绝对的,因而不是固有的独立存在的实体。我们由此推导出,极端高速的旅行使介于其中的空间基本上缩小为无(nothingness)。因此,当我们踏上星际之旅时,我们可能会对它们如此之远、宇宙空间如此之大感到惊奇。但整整一个世纪以来反复证明,我们和其他事物的这种表面上的分离,是由于观察的角度造成的,因此并没有固有的本真性。这并非要彻底否定空间,只是让它具有试验性。如果我们生活在一个引力场很强的世界中,或以极高速度到外空旅行,那些恒星所在的位置距离就完全不同了。用真实的数字来说,如果我们以99%的光速即每秒186 212英里(29.97万公里)的速度朝天狼星奔去,就会发现,它的距离只有1光年多,并没有我们的朋友用8.6光年返回地球测算出的时间那么远。如果我们以那个速度越过一间长21英尺(6.4米)的起居室,每台仪器和感觉都会表明,这间起居室现在的实际长度为 3 英尺(0.914 米)。令人惊异的是:介于起居室和地球与天狼星之间的空间,现在就不是由某种幻觉形成的人为收缩了。恒星是遥远的,而起居室的跨距仅有 3 英尺。如果我们能以 99.999 999 9% 的光速运动(这是物理定律完全允许的),那现在起居室就是它原来尺寸的 1/22 361,或只有 1/100 英寸的长度——只比本书中这句话末尾的句号稍大一点。这间房中所有的物件、家具或人,同样都如同小人国一般,而我们却不会注意到有任何不妥。空间将变得接近于无。那么,我们把被习惯确定的"事物"放入其中的那个假定可靠的立体网格(gridwork)又在哪里呢?

实际上,空间也许是更加古怪、比人们所想象的更不确定的,其最早的迹象在 19 世纪就出现了。当时的物理学家与大多数人的看法一样,假定空间和时间是外在的、独立的存在,与意识无关。

这就让我们要谈到一个与思考空间关系最密切的人。如我们会知道的那样,爱因斯坦天才地创建了一个维度,超越了他在 1905—1915 年提出的相对论。他职业生涯的开初,适逢非常的历史时机,即西方自然哲学的基础处在危机和困惑边缘之时。当时量子理论离诞生还有几年,而对于观测者和被观测的现象之间相互作用的理解,令人吃惊地缺乏。

爱因斯坦所属的那一代人受到的教育是,物质世界的存在是客观的,这个世界自身的展开遵从着与生命无关的定律。"相信有一个与感觉主体无关的外在世界,"爱因斯坦后来写道,"是一切自然科学的基础。"宇宙被视为一个巨大的机器,在时间的起点开始运行,它的轮子和齿轮按照与我们无关的、永不停息的法则转动。"万事万物都是确定的,开始和结束,都由我们不可控制的力量所推动。这个力量支配着昆虫,正如它支配着恒星。人类、植物或宇宙尘埃及我们,都跟着一种神秘的乐调起舞,而乐调的基调则由远处一个看不见的吹笛者来定。"

当然,如科学后来发现的那样,这个概念与量子理论实验所发现的事实不一致。根据最严密的科学数据的解释,实体是由观测者创造的,至少与观测者有关联。正是在这种启示之下,现在才需要重新解释自然哲学,使科学把新的重点放在生命的特殊性质上,这样才能使科学对物质实体起到原理的作用。不过,即使返回到 18 世纪,那个时代的超前者伊曼努尔·康德（Immanuel Kant）也说过："我们必须让自己摆脱空间和时间是事物内部的真实特性这个观念……与空间共存的一切实体，除了表达我们之外，肯定什么都不是，一切实体仅存在于我们的思想之中，而别无所在。"

生物中心主义当然表明空间是我们内在思维的投射，经验始于内在思维。空间只是生命的一种工具，是使生命体协调感知信息、对被感觉对象的特质和强度做出判断的外在的感知形式。空间本质上不是物质现象——不应该用研究化学和运动粒子那种方法去研究空间。我们动物生命体用这种感觉形式把我们的知觉组织成为外在经验。用生物学的术语说，对输入到脑内的知觉的解释，取决于从身体的神经通路中来的信息，例如，一切抵达视觉神经的信息都被解释成光，而对身体特定部位的局部知觉则取决于进入中枢神经系统的特定通路。

爱因斯坦拒绝形而上学思维干扰他建立的方程式，他说："空间就是我们用测量杆去测量的东西。"但他的这个定义应该再次强调"我们"一词。如果没有观测者在场，空间又是指什么呢？空间并非只是一个没有墙壁的容器。恰当的提问是，如果一切对象和生命都被拿走还会剩下什么。那之后空间在哪里？用什么来定义它的边界？认为这个物质世界没有任何实质或没有尽头，却又有什么东西存在，这是难以想象的。正是形而上学的苍白，才使科学把独立的实在描述为绝对空无的空间。

不过，另一种欣赏空间的虚无的方式（是的，这是一个笑话）是当代的发现：空无的表象中充满了几乎是最难以想象的能量，这证明虚粒子这种物质正在如同训练有素的跳蚤一般在实体内外跳跃。在表面上空无的基体之上讲述实体的故事，其实就是一个有生命的、充满生气的"场"，一个并非空无一物的、充满力量的实在。当温度到达绝对零度即 -459.67 华氏度（℉），我们周围无孔不入的动能平静到停止时，有时被称为的"零点能"（Z-point energy）就开始显现了出来；自从 1949 年以来，经由卡西米尔效应（Casimir effect），真空能量已被实验证实。在卡西米尔效应下，排列紧密的金属板会被它们外面的真空能量波强有力地压在一起。（在板与板之间微小的空间中保留不太充足的"呼吸余地"以反推压力，就抑制了能量波。）

于是,我们就形成了许多错觉和对空间的误解,让老一套的例行方式以讹传讹。要不要我们来归纳一下?(1)空洞的空间并不是空的。(2)对象之间的距离可能会、并且会突变,取决于许多条件,因此任何事物与其他事物之间不容改变的距离就完全不存在了。(3)量子理论对远距离的单个物件是否真的是完全分离的提出了严重质疑。(4)我们"看到了"对象之间的分离,那只是因为我们受到条件限制并接受过训练,通过语言和成规去划出了界限。

迄今为止最远的时代,哲学家们都被对象和背景所迷惑,犹如这样的错觉:一个人要么看到一个精致的酒杯,要么看到两个相互对视的侧脸。对于空间、对象和观测者来说也是如此。

现在,对宇宙和时间的错觉当然是无害的。只有一个问题产生,由于科学把空间当做本身自足的某种物质性的东西来对待,对于深入研究实体自然,科学传达的是完全错误的起始点,或者说,对于当前试图创立真正解释宇宙的大统一理论会导致困惑。

主中生义心物 19 世纪先驱的早期宇宙探索

休谟(Daivd Hume)[14]曾经写道:"似乎人的理智是凭着自然本能或偏见而依赖信念,而没有任何推理,甚至就在运用理智之前,我们总还假定有一个外在的、不以我们的感觉而存在的宇宙,即使我们和所有的动物都不在场或被消灭了也是如此。"

物理学家为空间赋予的那种物质品质是肯定不可能找到的。但这并不能让他们停止寻找。最为著名的尝试是迈克尔森-莫雷实验(Michelson-Morley experiment)。该实验是在 1887 年为解决有关"以太"(ether)是否存在的疑问而设计的。当时爱因斯坦还很年轻,科学家们认为这种以太弥漫在空间,并且为空间作出了定义。古希腊人向来憎恶虚无这一观念,他们是优秀而狂热的逻辑学家,深知"虚无"(being nothing)这个观念中存在的固有矛盾。Being 这个动词的意思就是"存在"(to be),与"虚无"(nothing)这个词显然是矛盾的,而把两个词合在一起就如同说你要去散步而又不散步。甚至早在 19 世纪之前,科学家们也相信,在行星之间肯定有某种东西存在,否则光就没有传播的物质载体。尽管早期试图证明这种假想的"以太"存在的尝试并未获得成功,但阿尔伯特·迈克尔森(Albert Michelson)认为,假如地球是在以太中流动,则一束光线在同一方向上通过介质的传播,就应该比与地球成直角方向的一束相同光线返回得更快。

在爱德华·莫雷(Edward Morey)的帮助下,迈克尔森做了测试。他们把仪器固定在结实的水泥台上,台子浮在有大量水银的池子中。多镜面装置能够轻松转动而不会引起不必要的倾斜。结果不容置疑:在同样时间内,光线在"以太流"(ether stream)的上下穿行走完的距离,与光线在"以太流"中来回往返走完的距离完全相同。这就像是地球在绕太阳旋转的轨道上停止转动了,是要维护托勒密(Ptolemy)的希腊自然哲学。但是,要宣布放弃哥白尼的整个学说是不可思议的。地球裹挟以太而行的假设也毫无意义,已经被大量实验否定了。

毫无疑问,以太并不存在,空间并没有物质性。亨利·戴维·梭罗(Henry Daivd Thoreau)[15]曾经说过:"知识不是以具体细节出现在我们面前的,而是以天启的灵感呈现的。"乔治·菲茨杰拉德(George Fitzgerald)用了好几年时间——不是用天启而是醉心于逻辑的恰当应用——指出迈克尔森-莫雷实验的否定性结果有另一种解释。他提出,物质自身沿着其运动的轴线收缩,收缩量随着运动的速率而增加。例如,一个向前运动的物体的尺寸会比它静止时稍短一些。迈克尔森用的仪器——实际上所有的测量装置,包括人的感觉器官在内——都会以同样的方式自我调节,当它们转到地球的运动方向时,都会收缩。

最初,这种假说缺乏可靠的解释——倘若不是政治的缺乏,就是科学的缺乏——直到伟大的荷兰物理学家亨德里克·洛伦兹(Hendrik Lorentz)从电磁学中发现了灵感。洛伦兹是最先假定电子存在的人士之一,使电子在 1897 年以第一个亚原子粒子的形式得到发现,不过,3 个亚原子粒子中只有 1 个被认为是最基本的或不可再分的。他的看法受到许多理论物理学家的重视,其中包括爱因斯坦等当时最卓越的人物。洛伦兹相信,收缩现象是一种动力学效应,一个运动物体中的分子力与静止物

第 11 章　空间之隔

体中的分子力是不同的。他的推导是,如果一个带有电荷的物体在空间中移动,它的粒子相互之间会拉开相对距离。其结果就是物体形状的变化,这会使物体在其运动方向上发生收缩。

洛伦兹演绎出一套方程式,即后来人们所知的"洛伦兹转换"(或称为"洛伦兹收缩",见附录1)。这个公式以用一个不同的参照系来描述在一个参照系内发生的事件。这个转换方程式非常简洁优美,使爱因斯坦1905年的狭义相对论完全借鉴了这个方程的形式。它确实体现了爱因斯坦狭义相对论的全部数学本质,不仅成功地量化了收缩的假说,而且在相对论发明之前,对运动粒子质量的增加提出了正确的方程式。

与长度的变化不同,一个电子质量的变化可能由磁场的偏转而定。到1900年时,瓦尔特·考夫曼(Walter Kauffman)证实,电子质量确实如洛伦兹方程式预测的那样增加了。事实上,随后的实验表明,洛伦兹方程式近乎于完美。

尽管彭加勒(Poincaré)发现了相对原理,洛伦兹发现了变化的公式,却让爱因斯坦得到了收获的成熟时机。正是在狭义相对论中,空间-时间变换法则的全部含义得到了清楚的阐明:时钟运动时,它们确实变慢了,而当时钟以接近光速的速度运动时,就更是如此。比如,如果以每小时5.86亿英里(9.43亿公里)的速度运动,时钟将会走得比静止时慢一半。如果以光速——每小时6.7亿英里(10.783亿公里)——的速度运动,则时钟将会完全停止。这种结果在现实生活中在感觉上可能无法理解,因为没有人的感知力会敏感到足以探测到时钟内发生的极瞬间的变化,并且在日常生活的水平上去观测标尺。即使在一个以时速6 000万英里(9 656万公里)风驰电掣般穿越空间的火箭内,时钟也只会变慢不足0.5%。

建立在洛伦兹方程式上的爱因斯坦的狭义相对论方程式,预测到了高速运动的所有显著效应。他们都描述出了一个极少数人才能够想象的世界,即使是在流行小说的时代也是如此,包括极富想象力的 H. G. 威尔斯(H. G. Wells)的幻想作品《时间机器》(*The Time Machine*)。

一个接一个的实验看来都印证了爱因斯坦的想法。他的方程式受到了核查,并被交叉核查和反向核查。事实上,全部应用科学都建立在他的方程式上。电子显微镜的聚焦就是其中之一。为雷达系统提供微波能量的速调管,即电子管的设计是另一例。

本书介绍的相对论和生物中心主义(更倾向于洛伦兹提出的动态"补偿理论")都预测了同样的现象。在观测事实的基础上,不可能选择一个理论而排斥另一个理论。当今世界重要的科学哲学家劳伦斯·斯克拉(Lawrence Sklar)写道:"你要选择相对论而不是选择补偿(生物中心的)替代论,那是选择自由的问题。"但是,为了把空间和时间复归原位,以此使我们动物和人类凭直觉意识到我们自己而抛弃爱因斯坦,是没有必要的。空间和时间属于我们,而不属于物质世界。没有必要建立一个新的维度,发明一个全新的数学来解释为何空间和时间与观测者相关。

然而,这种平等的兼容(equi-compatibility)并不适合一切自然现象。把这种兼容性直接运用到亚分子数量级的空间时,爱因斯坦的理论就完全无效了。相对论中对运动的描述背景,是4维的空间和时间连续体。因此,这种兼容性的运用本应能够无限准确地同时确定位置与动量或能量与时间——但这个结论与测不准原理所具有的限制却不相容。

爱因斯坦对自然的阐述,意在解释因运动和引力场的存在而产生的悖论。对于是否因空间或时间的存在而使观测者不在场,他的阐述并未作哲学性的表述。如果运行中的粒子或光束的基体都是意识的场域(field of consciousness),就像在完全空无的旷野中那样,则他的阐述就会是有效的。

但无论我们怎样把数学视为计算运动的方便工具,空间和时间仍然具有感知性生物体的性质。仅从生命的观察角度,我们就可以谈到空间和时间,尽管普遍认为狭义相对论的空间-时间是以自我持续的(self-sustaining)实体存在的,有独立的存在和结构。

而且,我们现在才恍然大悟,爱因斯坦不过是用4维的绝对外在实体代替了3维的绝对外在实体。事实上,在爱因斯坦广义相对论的论文的开篇,就对他的狭义相对论提出了同样的关注。爱因斯坦认为,客观实体属于时间-空间,与这个竞技场上刚巧发生的任何事件所占据的时间无关。他所关心的——当时被抛弃了,因为他无法使它产生进展——而今天肯定会与他产生共鸣,如果他还活着。毕竟他一再强调,坚守着一个精

第11章 空间之隔

神上的观点,那就是"自由的意志并不存在",其始终不变的结果就是自动运转的宇宙,而我们却顺着这个斜坡向下滑落到了二元论和自我孤立,滑落到与意识和外在宇宙孤立的区格之中。而事实上,观测者和被观测者之间不能有破裂。如果把两者分裂开来,实体就消失了。

就爱因斯坦的工作来说,其对于计算轨迹和确定事件序列的相对转变非常出色。他无意阐明时间和空间的真正性质,因为两者不能用物理定律解释。为此,我们必须首先知道,我们怎样感知和想象我们周围的世界。

既然我们的脑子被锁闭在颅骨盖中,位于密封的穹形的头骨之中,那我们究竟怎样观看事物呢?整个丰富多彩的宇宙都是从瞳孔那个1/4英寸(0.635厘米)的门户而来。微弱的光束是如何得以进入的呢?它是怎样将某些电化学脉冲变成指令、序列和单元的呢?我们怎样认知这本书的页面,或一张面孔,或显得非常真实因而极少有人去质询其中究竟的事物呢?显然,我们周围那些生机勃勃、经久不变的景象都是一种建构,是萦绕在头脑中的最终产物,要对此做探索研究,传统物理学是无能为力的。

爱因斯坦写道:"有了充分的信心开始(认识论)以后,很快我就意识到我贸然进入的这个领域是很不明确的,由于缺乏经验,直到现在我都谨慎地限制自己涉足物理学领域。"这一陈述令人感慨,这是他在构想出狭义相对论公式近半个世纪之后,受益于智慧和反思而写下的文字。

爱因斯坦本来也可以试着构筑一个城堡。这个城堡无须大量的材料或为了达到这个目的而削足适履的知识。他年轻时相信自己能够从自然的一个方面建立起这个城堡,即物质方面,而不是另一个方面——生物。而爱因斯坦不是生物学家或医学博士。因为爱好和素养,他沉迷于数学、方程式和光粒子。这位伟大的物理学家用一生中的最后50年致力于把宇宙结合起来的统一场论的研究,但是无果而终。倘若他离开普林斯顿的办公室,本可以去看看池塘,注目一簇簇蹦跳出水面的小鱼群。那些小鱼瞅望着巨大无边的宇宙,它们是错综复杂的宇宙的一部分。

抛开空间寻找无限

爱因斯坦的相对论与极具弹性的空间定义完全相容。物理学中的几条线索实际上都暗示，为了推进研究，重新思考空间是有必要的：在量子理论（Quantum Theory，QT）中，观测者的含义一直模糊不清、宇宙观测暗指的非零真空能量（nonzero vacuum energy）、小尺度上的广义相对论的失效，都是例证。对于这些，我们可以补充这个令人不安的事实：生物意识所感知的宇宙依然处在分裂的领域中，仍然是人们理解最不够的自然现象之一。

对于有人假设爱因斯坦创建狭义相对论需要外在实体和独立的"空间"（同样要假定物体绝对可分的实在性，即量子理论所称的"定域性"，使空间这一概念置于这个基础上），我们必须再次强调，就爱因斯坦自己来说，空间不过就是我们能用我们经验中的固体物质去测量的所在。本书在此就不再多费几页更技术性地讲解为何任何主观、外在的"空间"同样可以得到相对论的结果（见附录2中对狭义相对论以基本的场及其性质为假定条件的描述）。这样，我们就取消了空间的特权地位。量子力学已经清楚地表明了，观测者的决定与物质体系的演变有密切关系。随着科学更加统一，人们希望循着当前量子力学的思路，既能解释意识，又能解释理想的客观环境。

尽管通过理论自身的描述，意识最终可能会得到足够完善的理解，但其框架显然是自然的物质逻辑的一部分，这就是基本的大统一场论（fundamental grand unified field）。它既受到场的作用力（感知外在实体、体验加速度和重力的效应，等等），又对场产生作用力（实现量子力学的体系，建构描述以光为基础的关系的坐标系，等等）。

同时，各种各样的理论家都努力解决量子理论与广义相对论的矛盾。而少数物理学家则对能否达成统一理论感到怀疑，显然，我们关于空间-时间的经典观念是这个问题的一部分，而非解决问题的一部分。用现代的眼光看，种种麻烦的问题中，研究目标及其领域的模糊不清，犹如没完没了的猫捉老鼠的游戏。用量子场论的当代眼光看，空间具有其自身的能量内含（energy content）和极具量子力学性质的结构。科学日益发现，物体和空间的关系却越来越模糊。

此外,自1997年以来的量子纠缠实验令人对空间的含义产生质疑,继而质疑纠缠粒子实验的意义。其实只有两个选择。要么,是第一个粒子以超过光速的速度(甚至是无限快的速度)传递出它的状况,所用的方法远远超出我们最疯狂的猜测;要么,就是与表面现象相反,一对粒子之间其实根本就没有分开。它们具有真正意义上的联系,尽管在两者之间似乎有空无的空间宇宙。所以,要得出"空间是幻觉"这个科学结论,这些实验似乎还要再更上一个层次。

宇宙学家说,万事万物皆有关联,一切都是与大爆炸同时产生的。所以,即使借用保守的形象比喻,这样说也有意义:万事万物在某种意义上是彼此纠缠相关的,与一切其他事物有直接的联系,尽管它们之间似乎有"空无"相隔。

那么,空间的真正性质是什么呢?空无?是充满了能量,因而是等效物质(matter-equivalent)?是真的?不是真的?是一个独特有效的场?是一个思维的场?而且,如果人们接受外在世界只出现于思维和意识之中这个观念,此刻"外在"的认知就发生在人的脑内,则万事万物当然就有相互关联了。

在高速运行的过程中,尤其是接近光速时,会有一个独特的怪异现象,宇宙中的一切看上去都待在正前方的同一个地方,没有分离,没有差别。这个奇怪的难题出自于"光行差"效应(effect of aberration)。我们驾车穿过暴风雪时,雪花就像是迎面扑来一般,而后视窗上却几乎不着一点雪花。光也同样如此。我们这个行星按每秒18英里(28.97公里)的运动速度围绕太阳运行,使得恒星的位置从它们的实际所在的地方移动了几秒的弧度。随着我们速度的提高,这种效应就会更急剧地增加,直到速度稍低于光速时,在正前方的整个宇宙背景似乎都盘旋在一个炫目而明亮的球体之中。要是有某个人从另外的窗户向外面探看,除了冷寂和绝对黑暗之外,完全空空如也。这里所指的是,如果对某种事物的体验由于环境而发生迅速改变,那么这个事物就不是最本质的。光或电磁能量就像某种本质和固有存在的事物,在任何情况下都不改变。相比之下,光行差效应使空间的呈现似乎发生了改变,这个情况其实是空间在高速状态下发生了急剧收缩,以至于整个宇宙只是从一端到另一端的几步,以此说明它并没有固有的和不受影响的外部结构。倒不如说,它是变化环境中流动和突变的经验品。

所有这些与生物中心主义更进一步的相关性是,如果人们在观念上消除作为实体的空间和时间,而把空间和时间作为主观的、相对的、由观测者创造的现象,那就是对外在世界存在于它自身的独立构架之中这一观念的釜底抽薪。如果外在的客观宇宙既无时间也无空间,那它又在哪里呢?

据此,我们可以列出第七个原理:

生物中心主义的第一个原理:我们感觉是真实的东西是一个与我们的意识有关的过程。

生物中心主义的第二个原理:我们的外部和内在感觉是相互纠缠在一起的。它们是一个硬币的不同两面,不可分开。

生物中心主义的第三个原理:亚原子粒子——实际上所有的粒子和对象——与观察者的在场有着相互纠缠作用的关系。若无一个有意识的观察者的在场,它们充其量处于概率波动的不确定状态。

生物中心主义的第四个原理:没有意识,"物质"就处于一种不确定的概率状态中。任何可能先于意识的宇宙,都只存在于一种概率状态中。

生物中心主义的第五个原理:唯有生物中心主义才能解释宇宙的真正结构。宇宙对生命做精微的调节,使生命在创造宇宙时产生完美的感觉,而不是相反。"宇宙"纯粹是它自身完整的时空逻辑体系。

生物中心主义的第六个原理:在动物意识的感知之外,并无真实的时间存在。时间是我们在宇宙中感觉变化的过程。

生物中心主义的第七个原理:空间与时间一样不是物体或事物。空间是我们动物的另一种认识形式,并不是独立的实在。我们像乌龟身上的壳那样承载着空间和时间。因此,并没有与生命无关的物理事件发生在其中的、一个自我存在的绝对基体。

12 The Man behind the Curtain

第 12 章
帷幕后面的人

高中毕业后,我再次踏上了去波士顿的路。我一直在寻找暑期工作。我向麦当劳、唐恩都乐(Dunkin' Dounts)[16],甚至市中心一个叫科可伦的制鞋厂递过工作申请。可是这些工作都已人满为患。我想再去哈佛医学院试试找工作。就在我想来思去的时候,我已经在哈佛广场的火车站下车了。

我不知道怎么会有这个想法的。现在我回顾这事的时候,突然想到,我应该对这样做感到奇怪,不过这事似乎又是顺理成章的。我想见到一位诺贝尔奖获得者好长时间了。不知道那会是怎样的情景。也许我会这样介绍自己:"对不起,爱因斯坦教授,我叫罗伯特·兰札。"我试着设想詹姆斯·沃森(James Watson,1962 年诺贝尔医学奖获得者)看上去是什么样子,因为我突然想到他在哈佛教书。他与弗朗西斯·克拉克(Francis Crick)发现了 DNA 的结构,是科学史上最了不起的人物之一。我决定立即去他的实验室,可是,唉,当我到了那儿时,我才知道最近他到纽约冷泉港实验室做主任去了。当我明白不可能见到他时,我坐下来,不知所措。怎么办呢?

"振作点,难过是没用的。"我对自己说,"我毕竟到波士顿来了。"

然后,我把自己所知道的每个诺贝尔奖获得者想了一遍。"我确信伊凡·巴甫洛夫(Ivan Pavlov)、弗雷德里克·班廷(Frederick Banting)和亚历山大·弗莱明爵士(Sir Alexander Fleming)都不在哈佛,因为他们都去世了。我确信汉斯·克雷布斯(Hans Krebs)也不在哈佛,因为他在牛津大学,而乔治·沃尔德(George Wald)……对了,他在这儿,我肯定!他跟霍尔登·哈德兰(Haldan Harline)和拉格纳·格拉尼特(Ragnar Granit)因发现眼睛的视觉过程而共同获奖。"

走廊昏暗,有点儿霉味。当门开的时候,我站在沃尔德博士的实验室的门外。一个女人走了出来。

"抱歉,女士,我能在这儿找到沃尔德博士吗?"

"今天他生病在家,"她说,"但他明天会来这儿。"

"那就太迟了,"我回答道,心里在抗拒这个意念:一个诺贝尔奖的获得者是不能生病的。"我只在波士顿待几个钟头。"

"那我今天下午就跟他说。我要告诉他什么事呢?"

"不用了,没关系。"我说。对她道谢后我便离去了。

到回家的时间了。我得回到斯托顿去,回到麦当劳、唐恩都乐的世界去。返程时经过哈佛广场,我很快买到了火车票。"要是波士顿有更多的诺贝尔获奖者就好了。"我想,此刻感到沮丧不已。这时,我开始有了另一个想法,因为波士顿有许多其他学院和大学。当地很少有人知道这些学校是国际知名的。也许最重要的是麻省理工学院。这个学院最近将其学术研究范围扩大到工程技术之外。麻省理工学院除了技术和工程外,它对生物科学的研究做出了引人注目的贡献。

于是我在肯德尔广场下了火车,直奔麻省理工校园。我已经很久没到这里来了(我曾经跟库夫勒博士来这里参加过科学展览会)。开始我觉得迷路了,后来很快就找到了方位。

第一个问题当然是"这里有诺贝尔奖获得者吗?"街边上有个规模庞大的楼房,上面有巨大的圆顶和圆柱。"**麻省理工学院**"(MASSACHUSETTS INSTITUTE OF TECHNOLOGY)的标志赫然在目。楼房里面有个问讯台。

"请告诉我,"我问询道,"麻省理工学院有诺贝尔奖获得者吗?"

"当然有啦,"问讯处的人说,"有萨尔瓦多·卢里亚(Salvador Luria)

第 12 章 帷幕后面的人

和戈宾·柯拉纳(Gobind Khorana)。"

我对这两个人是谁、研究什么都毫不了解,却不知天高地厚地要去见他们。

"这两个人谁最有名?"

问讯处的人一言不发。或许他觉得这个问题很怪异吧。"卢里亚博士,"坐在他旁边的一个举止斯文的人说,"他是癌症研究中心主任。"

"你知道我在哪里能找到他吗?"

这个人看了看地址名录,然后在纸条上写下:"萨尔瓦多·E. 卢里亚,E17 楼。"

我拿着这张纸条,就像是某种正式介绍信似的。我怀着激动的心情离开,一刻也不耽误地穿过校园直奔他的办公室。他的一个秘书坐在前台,正在整理一些文章。我忐忑不安地又看了看手中的纸条。

"请问,"我说,"能不能跟萨尔瓦多博士谈谈?"

"你是说卢里亚博士吗?"

我很不自然地笑了笑(我竭力想自然点儿,因为我感觉自己很傻):"是的,当然。"

"你有预约吗?"

我尽量表现得体,尽管她显然知道我只是个年轻的男孩。

"没有,不过我希望能请教他一个问题。"

"他全天都要开会。"她眨了眨眼睛,然后又说,"不过你可以试试在午餐时去找他。"

"谢谢你。"我说,"我等会儿回来。"

现在没时间读他的全部科学论文。但我发现大楼里有个图书馆,就在离他办公室几个区域的地方。我得知,他和马克斯·德尔布吕克(Max Delbrück)、阿尔弗雷德·赫尔希(Alfred Hershey)刚刚获得了 1969 年诺贝尔奖。他们因发现了有关病毒和病毒性疾病,为分子生物学奠定了基础而获奖。

我经常发现,在午餐时间等候,时间明显变得缓慢,而今天的时钟就像被胶粘住似的。时间以地壳板块移动的速度在推移。

"我回来了,"我说,"卢里亚博士在吗?"

秘书点点头说:"在,他就在办公室。去敲门吧。"

"你确定吗?"我有点儿不好意思地问。

"快去吧。他的时间不多。"

敲门时,胃的翻动让我紧张,倏然而生的想法令我不安。

"请进。"

当一看见他,我就被吓坏了。他坐在那儿正吃午餐——好像是花生黄油三明治。难道这是一个智慧巨人吃的饭菜?

"你是谁?"他的嗓音就像心情烦躁时想要发作似的。

这时,我感觉自己就像那个走到头上有旋转火云的澳兹法师面前的小狮子一样(美国童话故事《绿野仙踪》〈The Wizrd of Oz〉中的人物)。

"我叫罗伯特·兰札。"

"谁叫你来的?"

"没人叫我来。"

"你的意思是说,你从大街上直接就进来了?"

这不是一个令人鼓舞的开始。

我回答说:"我……我在找一份工作,先生。我跟哈佛医学院的斯蒂芬·库夫勒博士做过一些工作,想知道你是不是能给我帮助。"我想自己提到了库夫勒博士,因为我不太懂得该对他说些什么,也许这样有所帮助吧。当时我太年轻,还不完全知道利用名人效应。

"请坐,"他说,语气突然很客气起来。"斯蒂芬·库夫勒?他是个非常好的人。"

我们谈话时,他的大眼睛闪着光。我对他谈到我在地下室做的实验,几年前怎样遇到了库夫勒博士。

"我现在已经不怎么搞研究,"他说,"多半做管理事务了。不过,我会给你一份工作。我保证。"

我对他表示了感谢,却不完全相信这份工作来得如此容易和如此之快。

"听我说,"他说道,"这么做我是有点傻。"我还没意识到他正在把我这个从街上来的孩子写进学校的一长串申请工作者的名单中。

事情的结果是,我所能做的就是向他表示给他造成不便的歉意。

第 12 章 帷幕后面的人

返回斯托顿的时候,太阳西沉。我隔壁的邻居芭芭拉正在花园里干活。我跑到她面前。

"我得到了一份工作。"我说,"猜猜在哪儿?"

"你在电影院找到了工作!"(你瞧,这是因为我很想在那里工作,虽然我递交过申请,可他们从来都没有回过话。)

"不是!再猜猜。"

"让我想想——麦当劳?唐恩都乐?我猜不出来。"

我把这一整天的事告诉了她。我说完之后,她拍着手惊叫道:"噢,鲍比,我太激动了。卢里亚博士可是我心目中的一个英雄啊。我在和平集会上听他讲过话。"

第二天,我就返回了麻省理工学院。走过生物大楼时,听到有人叫我的名字,我抬头张望,原来是卢里亚博士。"罗伯特!你好!"真是难以相信,他还记得我的名字。"跟我来!"

我跟着他走进大楼入口,沿着走廊进到一间办公室,里面是——我以为是——人事部主任。卢里亚博士接下来说的话让我大吃一惊:"我要你给他一份他想做的工作。"

然后他转过身来对我说:"你这个鬼家伙,麻省理工学院有一百多个学生想在这儿工作。"

我得到了这份工作,而这改变了我的一生。我在理查德·海恩斯(Richard Hynes)博士的实验室工作,当时他刚任助理教授之职,手下有一个研究生和技术员。海恩斯博士后来接任了卢里亚博士的职务,在中心做主任(麻省理工学院癌症研究中心),并成为颇有声望的国家科学院的一员和世界上最伟大的科学家之一。海恩斯当时在研究一种新的高分子蛋白质,后来称为"纤维黏连蛋白"。在那里工作期间,当我把高分子蛋白加入到转移的"癌样"细胞中时,它们就恢复成正常形态。我把这些细胞呈示给卢里亚博士看时,他说这是他这一周看到的最让他激动的事。我在那里做的研究最终发表在世界上最具权威性、引用率极高的科学杂志《细胞》(*Cell*)上。

我的童年时代那些不同寻常和动荡不安的日子,正渐渐消失在遥远的记忆中。

13 **Windmills of the Mind**

第 13 章
思维的风车

> 人们偶然观察到,基础动物学教科书有一种误导粗心读者的倾向。其中讲述有东西从冒气的小池塘或海洋这个有益的化学坩锅中跳跃、弹跳和腾跃出来,非常确定并且速度极快地进入到了较低的生命世界,于是就轻易假定,物质根本没有秘密可言,即使有也微乎其微。
>
> ——洛伦·艾斯利(Loren Eiseley)

宇宙学家、生物学家和进化论者在讲述宇宙——其实就是自然本身的法则时,似乎一点也不吃惊——有一天,宇宙毫无理由就出现了。回忆一下弗朗切斯科·雷迪(Francesco Redi)、拉兹诺·斯帕兰札尼(Lazzaro Spallanzani)和路易斯·巴斯德(Louis Pasteur)[17]的实验也许不无好处,这些基础的生物实验让自然发生论(spontaneous generation)销声匿迹。自然发生论相信,生命是突然"变"出来的,是从没有生命的物质(比如,腐肉中的蛆虫、泥巴中的青蛙、旧布包裹里的老鼠)中产生的,而且并没有犯宇宙的起源犯的那种错误。

但是，经典科学在处理基本问题时似乎出现了根本上的非理性，此外，还出现了一个新的，甚至更基础的问题。这就是语言的二元性，即我们的思想方法和逻辑的局限性。正如我们不可能真正感知到宇宙中正在发生什么一样（不包含感知自身的本质），那就是太多的意识使我们难以充分讨论和理解宇宙，除非我们有某些自然的观念，并对用于讨论和理解的工具即语言和理性思维做出限制。别忘了，我们此刻正在阅读，这件事只是在手中的介质基体（matrix）内才有意义，否则就没有意义了。如果介质引入了一种固有的偏好，我们至少对此是应该知道的。

很少有人停下来思考逻辑和语言的局限性，两者是我们普遍用来追求知识的工具。随着量子理论在日常技术应用中获得的优势越来越多，比如我们发明了隧道显微镜（tunneling microscopes）和以量子为基础的计算机，这些技术都在努力设法让它们的各种奇妙效果得到应用，却常常要忽视它们不合逻辑和不合理的那些方面。毕竟，对它们来说，数学和技术应用才是重要的。它们有事要做，而把"意义"留给科学哲学家去研究。而且，人们享受它的好处而无须理解它，如同站在祭坛上的人才会想到时间的古老悠久。

尽管如此，人们与量子理论打的交道越多，它就越会令人惊异（意味着反逻辑）——甚至超过了前面章节所讨论的实验。为了说明这一点，回想一下，在日常生活中，一般来说选择受到特定可能性的限制。如果你在寻找你的猫，而它既在起居室又不在起居室。或许，如果它在门口打盹儿，那就是可能一半在里面，可能一半在外面。只有这三种可能性，谁也想象不出其他的可能性。

但在量子世界中，当一个粒子或一束光从 A 点运行到 B 点，并且每一点处都有反光镜使它能弹回，以便它能从两个途径中的任意一个到达其目的地，令人惊异的事情就发生了。

仔细准备的实验使用了可阻碍反光镜（blockable mirrors），显示的结果是，粒子未经过途径 A，也未经过途径 B。它既又没让自己神秘地分裂而经过两条途径，也没有通过两条途径而到达了那里。因为这些途径是我们能想到的唯一选择，这个电子却蔑视逻辑而另有所为，某种我们难以想象的所为。粒子采取的这种匪夷所思的行为，被称之为处于"叠加状

第13章 思维的风车

态"(a state of superposition)。

现在,在真正的量子宇宙中,"叠加"是常规,但它们却似乎异乎寻常,因为它们毋庸置疑地表明,我们的思维方式在宇宙的所有区段(segments)内都完全无效。这是一个非常重要的意识,在 20 世纪得出的重大启示中,这个意识是人类历史上最独特和无可争辩的。

古希腊人酷爱逻辑,乐于探索逻辑中的矛盾,对难解之谜和解决"龟兔"佯谬永不疲倦。在此,你会回想起龟兔问题。我们说,兔子跑的速度比乌龟快 2 倍,所以我们让乌龟的赛跑起点多出 1 英里。(希腊人更愿意用斯塔德〈stade,古希腊长度单位,约 185 米〉,而不是用英里,但我们不用这么挑剔。)当兔子跑完了与乌龟 1 英里的差距后,后者在这段时间内前进了半英里,因为它的运动速度是兔子的一半。当兔子接近这半英里时,乌龟这时领先兔子的距离为 1/4 英里多。而当这 1/4 英里又被兔子跑完后,乌龟还领先 1/8 英里的距离。从逻辑上说,乌龟本来应该永远追不上兔子。差距会越来越短,但乌龟却永远保持领先。我们知道这肯定是不对的,但逻辑却推导出这种无明显错误的结论来。希腊人还发现了一种用数学证明 1 加 1 等于 3 的逻辑方法及其他种种奇思妙想,这些都可能是在爱琴海的美妙气候下过多享受悠闲时光的结果。

再想想这个问题。对一个死刑犯说:说吧!要是你说谎,就绞死你。如果你说实话,就用剑刺死你。于是这个囚犯说:我会被绞死!经过一番非常恼人的讨论之后,狱卒觉得除了释放他之外别无办法。

语言中充满了无数我们忽略了的矛盾。问某个男人或女人,人死后会发生什么,通常的回答是:"我想,那就是什么都不存在了。"

看来这是一个有效的表述,正如我们在前面的章节中看到的那样,动词"存在"(to be)与"空无"(nothingness)是矛盾的。一个人不可能什么都不"是"。我们经常遇到"什么都不是"(be nothing)或"不是什么"(is nothing)这种说法,这使我们的想象力麻木,而无法表达某种有效的、合乎逻辑的意思,而事实上这些说法并无可以理解的内容。

上面所说的一切,意思都是为了对语言和逻辑逐渐形成适当的警惕。语言和逻辑都是用于特定目的的工具,使所要表述的内容清晰有效,譬如"请把盐递给我"之类的简单交流。每种工具都有用途,但也有局限。当我们看到门柱上有一颗钉子凸出来了,想把它敲进去,在橱柜里快速搜寻却只找到了一把钳子。我们确实想要而且需要一把钉锤,却懒得多费时间去找它,所以就用钳子的边缘不断敲击钉子,可是效果不佳,钉子没有敲进去,却被一下子敲弯了。做这个工作时我们用的工具不对。

对于理解量子理论这项工作,逻辑和口头语言都是错误的工具。数学更有效用(但即使如此,它也只是向我们说明它是如何运算的,而无法说明为什么要那样运算。)当我们讨论无法比较的事物时,逻辑也是失败的。我们对一个朋友讲道:秋天清澈湛蓝的天空看上去多么美丽,这对一个天生色盲的人当然就没有意义。人们需要经验,或者把"已知的"语言与想要产生的结果作比较。本书的作者之一看到一件印有标准的石原忍色盲检查表的 T 恤衫[18],那是由许多彩色小圆点组成的图案。我的色盲朋友只当它是无意义的随意图案看了一下。但其他的人却看到这件 T 恤衫上说:"去死吧,色盲!"

在面对宇宙最深奥的问题时,我们都是色盲。一切自然和意识的总和与宇宙整体相比是没有可比性的,因为没有任何东西与宇宙一样,宇宙也不存在于任何其他的基体和背景之中。要理解或想象整体的宇宙,我们的逻辑和语言缺乏有意义的方式。

这种深刻的局限性会立即显现出来——比如,当人们问,膨胀的宇宙会膨胀到哪里去——而对多数人来说却不是如此。这也许是奇怪的,因为几乎每个人在有挫折感之后都经历过语言的无意义或观念的失效,比如,当他们意识到完全无法想象无穷大,无法想象永恒,或宇宙的存在没有任何种类的边际、没有任何中心。我们的智力在这个观念上就停顿了:一只猫处于既不在一间屋内,也并非不在屋内,也不是部分在屋内部分在屋外的状态中。我们理解其答案是"某种另外的结果",由于这种量子实验是可复制的,所以它们必定有自己的内在逻辑——但与我们的逻辑不相符。

在机械论和数学的层面之外,在我们可能想要探索的宇宙的每一个整体层面上,这种语言的局限性确实存在。我们看到,人类进化到运用脑/逻辑机制来处理普通的宏观任务,如定购干酪汉堡包,或要求加薪之类,而当我们试图在很小的层面上把握住行为,或在最大尺度上理解事物,这种机制就完全无效了。这既是启示也令人意外,或许还不乏意义。化学家只研究氯(一种有毒物质)和钠(一种遇水会发生爆炸反应的元素)的性质,就无法猜测这两种物质结合成氯化钠之后显现的性质——餐桌上的盐。这样我们就意外得到了一种不仅不是毒物,而且是生活中不可缺少的化合物。而且,氯化钠遇水时,不仅不会发生剧烈反应,还会缓缓地溶解入水中!仅研究这种化合物的性质是推断不出"更大的实体"(larger reality)的。与此类似,如果包罗万象的意识构成了一种"超级宇宙"(meta-universe),那也可以预料,任何对它的成分的研究都无法预测其性质。

在讨论生物中心主义的整个过程中一定会触及到几个点,思维在这些点上要遇到难以逾越的障碍,而在这些障碍之外蛰伏着矛盾,或者更糟糕——空无。在此,我们要指出,这绝不应被当做生物中心主义是谬误的证据,任何超过大爆炸的观点都要受到特别的质疑,因为这导致对时间开始的不可想象的概念。人们不会只是因为无法了解新的意识是如何"抵达"的(got there),就断言人不可能出生。神秘绝不是证伪之据。说生物中心这一论题制造出了难以想象的观点,听上去无疑像一种逃避之辞,就像结构工程师声称他不知道要建的大楼是否会在狂风中倒塌一样。谁能接受这个说法呢?但是要深入探究作为整体的宇宙,如我们所知道的那样,我们人类的逻辑体系显然从未用于设计或规划出一个内在不同的事业,正如它在微小的量子领域中完全失败那样。倔强的钉子无休止地使我们心烦,而我们所有的全部就是一把钳子,就只能尽力而为。

由于这个原因,读者受到的挑战远远超过了深入思考的过程,伴随着生物中心主义的逻辑和证据而产生的某些挑战怪异而难以理解,这是一种在某种本能层面上判断是否真实的"对言外之意的洞察"。在不熟悉的地方翻开原本不动的石头去查看,用这种方法去寻求知识,对此并非人人都会感到轻松。

然而这远不是一个新的困境。生活中充满了真实的风险和明显的危险行为,比如酒吧中的争吵和一时冲动的结婚,极少数的人并没有曾经因为"当时感觉不好"而对某些事态避而远之。相反,至今无人能够解释爱情——与提升行为的爱情相同的那种体验至今少有。本能总是战胜逻辑。

　　生物中心主义与其他事物一样有自身的逻辑局限性，即使它对事物的本真之因提出了最好的解释也是如此。就此而言，不妨把它看做一个出发点，而不是它的终结，一个尚待更深入解释和探索的自然与宇宙之门。

14 A Fall in Paradise

第 14 章
天堂中的坠落

我栖居的那个 10 英亩(60.72 亩)小岛令人激动,水中映射着树木和花草的倒影。10 多年前我刚买下这块地时,岛上长满了漆树,灌木丛生,遮掩着水和太阳。我住过的那幢小红房子原来破旧不堪。记得有一天,有个卡车司机卸下了一些灌木和树木。我穿的工作服装上粘满了挖洞时沾上的污迹。卡车司机走到我面前说:"买下这幢房子的那位老兄明显在植物和景观上投下了很多钱。我不明白,他干吗要在地上挖个洞,重新修建一座新房子。"

这里曾经是个泥土洞穴。入口现在看上去像个葡萄园,其间小鹅卵石铺就的道路消失在堤道后面。种植了数百棵树,铺上了数千块石头,付出了大量辛劳。在小池塘那边,园中泛着白光,有一个三层的塔楼,上面绕着一圈望海平台,平台上铜制的圆穹顶反射着阳光。这里有天鹅、老鹰、狐狸和把这个小岛看成家的浣熊——甚至还有一只如狗一般大小的胖土拨鼠。

不过,要不是丹尼斯·帕克(Dennis Parker)帮忙,我是做不成这个园林的。丹尼斯是本地的消防队员,在镇上长大成人。我们栽种的一些树木现在已经超过 25 英尺(7.62 米)高。刚栽下时的紫藤葡萄树现在笼罩在 35 英尺(10.67 米)长的凉亭上,这个凉亭是我们在多年前修建的。地面上的两幢房子已经跟一座暖房相连接,变成了过度生长的热带雨林——你得用砍刀才能走过这座棕榈树和白鸟的天堂。树木和禽鸟把16英尺(4.87米)长的天花板都压弯了。

丹尼斯住在暖房的另一边。他和他的8个兄弟姐妹都在本地的住宅村区(housing project)长大[19]。1976年他进入克林顿消防部(Clinton Fire Department),有了足够的钱后,花钱买了一幢房,让全家住了进去。毫无疑问,他是个禁欲主义者,有时令人感到难以相处,这就是他对周围的人关切至深的原因。25年多来,丹尼斯尽一切努力想要当一个消防队员。一辆汽车掉进池塘的冰水中时,他戴着潜水装置跳入水中,从下沉的车中拽出一个男人(尽管已经太迟)。不过,多数的日子是平淡无奇的,如像他给一个老年居住中心回复电话那样——一个中年妇女正在烘烤苹果馅饼,饼中流出来的东西触响了火警。这位妇女十分内疚,让她女儿把苹果馅饼送给消防部的丹尼斯和他的小组。

大约在3年前,我问丹尼斯能不能上树去砍下一根树枝。这根树枝离地面几乎有25英尺(7.62米)高,但他对做这事很有气魄,再说他也是个攀梯灭火的高手,偶尔还从树上把猫救下来。这是个星期五的下午,他开始用电锯切割树枝。"丹尼斯,"我对他说,"当心。我们应该是为了好玩才干这事的,我可不想你在急诊室待一晚上。"我们都笑了起来。几分钟后,我见一根粗大的树枝开始晃动起来。刹那间,那根大树枝就像撞杆一样猛击在他的头上,致使他的脑部立即出血。当他从空中跌下来时,我惊叫道:"丹尼斯!"

但回应我的是他的身体砰然撞地的声音。电锯仍然在转动,而丹尼斯像个布娃娃一样躺在树枝下面,舌头伸出嘴外,眼睛肿胀翻白。

就在他死之前,我从小认识的一个自幼在孤儿院长大成人的铁匠对我说:"鲍比,你可以选择朋友,而不可以选择家人。"

丹尼斯是我最好的朋友之一。现在他的两只手软沓沓地搭在树枝上,既没有脉搏又没有呼吸。"噢,上帝啊,"我呼唤道,"他不可能真的死了。"我估计,他的脑在没有氧气的情况下还能存活几分钟,所以就没做人工呼吸抢救,而是冲回屋里打911电话。

丹尼斯终于有呼吸了,一旁的手指动弹了一会儿。救护人员开车送

第14章 天堂中的坠落

他去医院时,我坐在救护车的前面。路面是刚铺的,虽然他仍在昏迷之中,但每一次颠簸都引发他痛苦的呻吟,就像恐怖电影中的情景。原来,他不仅全身破裂,落下的树枝还击碎了他的腕骨。救护人员用体重抑制着他,让他的手放平。

救护人员剪开他的牛仔裤之后,为他插上了输液管。直升机将他送到了麻省医疗中心。由于我是医生,所以让我进了急诊室。由于人手短缺,夜幕将尽,随着其他的救护直升机的到达,场面有些混乱。监控丹尼斯生命体征的仪器上的红色"危险"警报一度消失,但医护人员顾不上他,而去抢救刚到的病人。我听见有护士向加护病房打电话请求帮助。"我们的两架直升机在路上,"她说,"我们没法处理他。"等待了5个多小时之后,看来问题是他们找不到内勤的人去加护病房更换空床上的脏被单。

躺在急诊室角落的丹尼斯在生死之间徘徊。这时我去等候室,告诉他的家人出了什么事。这是我平生第一次见到他的全家人聚在一起。走进等候室的时候,他们奔到我面前来问他的情况。我告诉他们,医生不知道他能不能挺过去。我的话还没讲完,就见丹尼斯13岁的儿子本不禁哭泣起来。他的妹妹是我见过的最坚强的人,也快崩溃了。

此时此刻,一切似乎都不真实,无形中我感觉有个无所不知的大天使正在超越时间的狭隘限制。我一只足踏在被眼泪包围的现实中,另一只足踏回了生物学的池塘中,迎面朝着阳光。我想着那只萤火虫的小片断,每一个人——其实是每个生物——都是由多重物质实体的球体组成,这个多重实体穿越他们创生的空间和时间,就像穿门而过的灵魂。我又想到了双狭缝实验,此刻电子正同时穿过两个狭缝。我不会怀疑这些实验的结论。在更大的格局下,丹尼斯超越了时间,既活着又死去了。

几周之前——丹尼斯坠树后约3年——他的儿子本参加了橄榄球赛(他现在是高中橄榄球队的运动员)。本触地得分后,在看台上的父母欣喜若狂。本知道,他爸爸会为他感到骄傲。

本刚满16岁,他的脑海中当然记得一件事情——在拿到驾驶执照后,他将要驾驶那辆轿车。丹尼斯已经让他相信,他会得到那辆老式"探险者"轿车,车内的里程表上已有近200 000英里(32.2万公里)的计数。

Biocentrism

"爸爸,"本问道,"你不想给我这部'探险者'的,对吗?"昨晚在本的生日派对上,丹尼斯给了他一个惊喜,送给本一把属于他自己的车钥匙,那辆车配置齐全,还有座椅加热功能。此刻他正在洗那部车。

我们当代科学的世界观没有给人们指出希望所在,也没有为那些在濒临死亡过程中感到恐惧的人提供解脱。但生物中心主义却暗示了一种替代传统世界观的观念。如果时间是一种幻觉,如果实体是由我们的意识创造的,这种意识难道真的会毁灭吗?

15 Building Blocks of Creation

第 15 章
创生的建构

我刚发表过一篇科学论文,首次说明眼睛中有可能产生一种重要的细胞类型,这种细胞可用于治疗失明。翌日早晨我开车去上班。因为比平时迟了一些,所以当车转弯进到停车场入口时,速度确实比每小时 15 英里(24 公里)快了许多。就在这一刻,我踩住刹车时,肾上腺素陡然升高,车子绕着一辆停下来的巡逻警车转了弯,那辆车的警察正在询问行人。"真不走运,这正巧是辆巡逻警车。"我暗忖,确信自己会被逮捕。我继续向停车场驶去,把车停在远处的角落,心想但愿那个警官太忙而没注意到,不会跟着我。我心跳不已,匆匆走进大楼。"感谢上帝,"我心里想着,侧身看了看,"没有那个警官跟来的迹象。"

我到办公室感到安全之后,平静下来,开始做事。这时,我听到有敲门的声音。进来的人是郑扬(Young Chung),为我工作的资深科学家。"兰札博士,"他的声音有点儿惊慌,"前台有个警察想见你。他带着手铐和枪。"

我走出去见这个穿着制服站在外面的警官时,实验室内有些骚动。我想,同事们都担心他会给我戴上手铐,把我带走。"博士,"他用严肃的声音说,"我们能去你的办公室谈谈吗?"

"这真是太糟了。"我自忖道。但进了我的办公室后,他表示抱歉,并问我是否有时间给他讲一讲他刚从《华尔街日报》上读到的一项突破性进展（其实，他在停车场就是向人打听我的公司在什么地方）。他解释道，他是一个家长群体的成员。这个家长群体通过互联网相互交流那些可能对他们的孩子有帮助的医学新进展。他是代表这个群体而来的。他听说我正巧住在这个城市，即马萨诸塞州的伍斯特市。

原来，他年少的儿子患有严重变性眼病，为他儿子治疗的医生预料他会在几年内失明。他还告诉我，他家族中有个亲戚在同样年龄时也得了这个病——现在他已经完全失明了。他指着我办公室地板上的一个盒子说："现在，我儿子可能还看得见这个盒子的轮廓。但时间已经不多了……"

待他讲完故事后，我的眼泪几乎夺眶而出。这是一件特别艰难的事，尤其是我知道自己的备用冷冻细胞可能有助于治疗他的儿子。细胞放在冷藏箱的一个盒子中已经 9 个月了。我缺少做动物实验所需的 2 万美元。我们需要用这个实验来说明这些细胞会有疗效（这个数目是军方有时购置一辆悍马越野车的资金）。不幸的是，我们还需要一年或两年才能获得所需资金来证明这些细胞（将相同的人类细胞用在病人身上）能够挽救动物的视觉功能，若非如此，病人就会失明。实际上，改善视觉表现——即视觉清晰度——肯定好于未经治疗的对照组，且无任何明显副作用。现在（就在本书的撰写过程中）我们已与 FDA（美国食品和药物管理局）就对变性眼病患者开始做实际临床试验，包括对影响全世界 3 000 万人的黄斑变性症做试验交换了意见。

而这些细胞甚至还有比阻止失明的作用更令人惊异的一面。在同样的培养皿中的视网膜细胞上，我们还看到了感光体的形成，就是说，我们看到了视锥细胞和视杆细胞——甚至从显微镜上看去，它们就像是仰视着你的微型"眼球"。我们做的所有实验，都是用胚胎干细胞（机体的种源细胞）开始的，它们就会自发地、几乎以默认的方式产生出各种神经细胞，是干细胞要产生出的人类机体细胞的最初类型。事实上，我们所见的某些在实验室生长的神经细胞具有成千个树枝状突起（dendritic processes），神经细胞用这些突起与相邻的细胞交流信息，其内容之广，仅一个单独的细胞你就得用十几幅不同的照片来捕获它的影像。

第15章 创生的建构

用生物中心的观点看,这些神经细胞是实体的基本单元。它们似乎是自然在冥冥之中最想创生出的最初始的东西。神经细胞(而不是原子)就是我们的"观测者决定的世界"的根本和基础所在。

这些细胞在脑中的回路系统具有空间和时间的逻辑性。它们是思维的关联神经,与机体的周围神经系统和感觉器官相联系,其中就包括我的培养皿中生长的感光体。所以,它们包含了我们可能观察过的一切东西,就像某个人观看电影时,用DVD播放器把信息传送到电视屏幕上那样。当我们观看印刷在书上的文字时,书的纸张似乎有1英尺(30厘米)远,并没有被知觉到,而书的形象和纸张才是知觉——就这一点而论,它被神经回路所包含。一个关联的实体包含着一切,只有语言表述才把外在与内在、此处与彼处划分开来。难道是神经细胞的基体和原子造就了思维的能量场?

千百年来,人类想参透宇宙自然的努力,历来是非常奇怪和令人怀疑的事业。科学是我们当前的主要工具,但帮助有时候是以令人难以预料的形式到来的。我记得有个极为平常的一天,其他人还在睡梦中,或已经在医院里做清晨查房。"不过没关系,"我一边想,一边往杯子里倒咖啡,蒸汽凝结在厨房的窗户上。"我已经迟到了。"我擦去一块冰晶,环视清澈的院区,能看到摆放在树木下面的仪器沿着道路排列成直线。清晨的太阳斜挂在一边,微弱的阳光投在秃枝和残叶上。这种景象中蕴含着某种神秘感,有种什么被掩藏在它后面的强烈感觉,那是科学杂志无法解释的某种东西。

我穿上实验室的外套,不顾身体的抗议,迈步向大学走去。正当我漫步走向医院时,绕道去校园池塘的好奇心油然而生。在这个神奇的早晨,稍后我要见到的不过是些粗砺的东西,也许是不锈钢的机器、手术室里亮晃晃的灯光、抢救用的氧气筒、示波器屏幕上的光点。正是那些才令我在这个池塘边上驻足,享受这天然的静谧和孤独,而此时,医院内的忙碌和喧哗正值高峰。梭罗会认同我的这种感觉。他向来觉得清晨是一个愉快的邀请,令他的生活朴实无华。他写道:"自此刻起,有了诗歌和艺术,还有了人们最美好和难忘的态度。"

这是凛冽的冬日中的快慰体验,侧身眺望池塘,光子在水面凌波而舞,它们犹如马勒(Gustav Mahler,奥地利音乐家)"第九交响乐"中的无数音符。这一瞬间,我的躯体超越了元素的影响,我的思维融入广袤的自然之中,就像我平生曾有的体验那样深入。与最意味深长的事物一样,这确实是个小小的插曲。但在谦卑的平静之中,我看到了远处的兽爪和香蒲。我感觉到了大自然,就像洛伦·艾斯利(Loren Eiseley)和梭罗心中的那个大自然,袒露而无遮蔽。我从池塘周围绕行走向医院。早晨查房已近结束。一位就要死去的女人面朝着我坐在床上。病房外,池塘的树枝上有一只燕雀在啁啾。

随后我回想从小小的冰晶窗洞窥见的清晨,思索那黎明之初否定我的至深奥秘。洛伦·艾斯利曾经说:"我们对自己的感官过分满足了。"神经末梢观察到光子的跳跃是不够的。"以人的眼光去看是不够的——哪怕看到了宇宙的尽头也不够。"我们的无线电天文望远镜和超级对撞机仅仅扩展了我们的思维。我们眼中只有完成的工作,却没有看到真实的整体中事物的相辅相成关系,而在一个令人心旷神怡的9月的清晨,或许只有5秒钟,一切感觉全都归一了。

当然,物理学家们不会理解这种意义,正如他们看不到量子实体的方程式中隐藏着的意义。这些方程式变动不居,如像9月的这一天站在池塘边让思维融入自然大化,每一片树叶和每一根树枝中隐藏着的东西。

我们科学家观察这个世界的时间已经太久了,使我们不再向实体发起挑战。就像梭罗曾经指出的那样,我们就像印度教徒,坐在大象背上想象着世界,大象却坐在乌龟背上,而乌龟在蛇背上,但蛇身之下却一无所有。我们彼此都站在别人的肩头之上——全都站在空无之上。

对我自己来说,一个冬天早晨的5秒钟是令我想象最丰富的证据,就像梭罗谈到瓦尔登湖那样:

> 我是它的坚硬石岸,
> 拂煦而过的风;
> 在我掌中的一握,
> 是它的水,它的沙……

16 **What Is This Place**?

第 16 章
这是什么地方？

本书最后几章讨论宇宙的组成和结构。我们人类竟然有能力探讨这个问题，实在令人惊异。有一天，我们每个人都发现自己居然还活着并且有意识。多数情况下，人们大约从两岁起就对选择的信息输入记录开始保持连续的记忆。事实上，多年之前我与 F. B. 斯金纳（F. B. Skinner，美国著名行为主义心理学家）一起做过一系列实验，其成果发表于《科学》（*Science*）杂志。这些实验表明，即使是动物也有"自我意识"的能力。在儿童时期的某个时点上，多数人终究会自问："嗨！这是什么地方？"对我们来说，仅有这种意识还不够。我们还想知道，为什么存在，存在是什么，存在的方式是怎样的。

还在我们儿童时就受到种种竞相回答的轰炸。宗教有一种说法，学校又有一种说法。现在作为成年人，如果要讨论"万物的本质"（The Nature Of It All），我们通常会把宗教和学校的说法混在一起，滔滔不绝，其方式因个人性格倾向和情绪而定，这并不令人意外。

我们会努力设法不陷入科学和宗教中去，比如，我们观看圣诞节的天文节目《奇迹之星》(Star of Wonder)时,它声称发现了对伯利恒之星(The star of Bethlehem)[20]的合理解释。在畅销书如《物理学之道》(The Tao of Physics)和《物理大师之舞》(Dancing Wu-Lei Masters)中我们也看到,作者声称可以说明现代物理学所讲的内容与佛教相同。

总的来说,即使这些书通俗易懂,其内容都是无稽之谈甚至是垃圾。真正的物理学家坚称,《物理学之道》并没有谈到真实的科学研究,勉强说得上是一本嬉皮士版本的书。就每年的圣诞天文展而言,都有辱宗教和天文学。因为所有天文馆的馆长都知道,天空中没有什么自然物体能戛然而止地停留在伯利恒或其他什么地方,无论是天体的会合点、彗星、行星还是超新星。在北部的天空上只有一个物体,那就是北极星,它才能显得不动。可是占星家并不是朝北方,而是向南方寻找伯利恒。结论则是,所有这些解释无一奏效。天文馆长们对此很清楚,却还是胡诌,因为四分之三个世纪以来人们热衷参与这种传统节日的展出。而与此同时,宗教方面又告诉那些一本正经拿"圣星"(star)说事的人,并没有什么奇迹出现,那不过是闪亮的行星在特定的时间碰巧发生了会合并停顿了下来——这种现象看似与奇迹难以分辨。(如果读者对这个偏离的话题不介意,又正好对事情的究竟感到好奇,几乎可以肯定,对"圣星"的解释既不属于宗教又不属于科学。真正的解释又是什么呢?人们迷信伟大的君主诞生的时候会伴随占星的预兆,当圣经故事被写下时,有些人毫不怀疑地认为,基督诞生后的完整一生是他应得的。由于木星在白羊座之中——那是犹太的"统治标志"—— 可能就是耶稣诞生的时间,这是一个极好的契合。所以,这个故事来源于占星。科学和基督教都不喜欢占星术的解释,所以两者都很少提到占星术的解释。)

由于科学和宗教有古怪的不解之缘,这种关系的结果通常是畸形的,所以,就像我们总结出人们普遍接受的各种存在的问题最基本的答案那样,我们要把科学和宗教作适当的区分。这个宇宙是什么?有生命的和无生命的关系是什么?大电脑(Great Computer)[21]的基本操作系统是随机的还是智能的?人类的思维能够理解它吗?在此,我们不妨对这些基本问题再做一个回顾,其中的每一种观点都竭力自圆其说。然后,再来看一下所选择的、重点强调的领域是否得到了最起码的成功解答。

经典科学对宇宙的基本解释

一切都开始于 137 亿年之前,其时,整个宇宙从空无中突然出现了。由此开始膨胀,起初膨胀非常迅速,然后越来越慢。大约在 70 亿年前,由于一种未知的排斥力,膨胀开始再次加速,其产物构成了宇宙的主要成分。一切结构和事件完全是随机创造出来的,产生了 4 种基本的力和许多参数与常数,如宇宙引力。地球上的生命开始于 39 亿年前,也可能在未知的时代产生于其他地方。生命也是分子的随机碰撞而产生的,其分子则是由 92 种自然元素中的一种或多种元素组成。生命中出现的意识或知觉是如何产生的,至今依然神秘未解。

经典科学对基本问题的解答

大爆炸是怎样发生的?
不知道。

什么是大爆炸?
不知道。

如果真有大爆炸,在那之前有什么东西存在吗?
不知道。

暗能量这种宇宙中的主导实体的性质是什么?
不知道。

暗物质这种第二普遍的实体的性质是什么?

不知道。

生命是如何产生的？
不知道。

意识是如何产生的？
不知道。

意识的性质是什么？
不知道。

宇宙的最终结果是什么，比如说，它会持续膨胀吗？
似乎如此。

常数的成因是什么？
不知道。

为什么正好有4种性质的力？
不知道。

一个人的身体死亡之后，他的生命还会有体验吗？
不知道。

哪本书能给出这些问题的解答？
没有任何一本书能够提供解答。

那么，科学能够告诉我们什么？科学能告诉我们的有很多——在充满了知识的图书馆中。所有这一切都与按照各种各样的对象、生命和非生命的分类、细分以及按照其性质的编目有关，比如钢与铜的延展性和强度的比较，其生产的流程；又比如恒星是怎样产生的，病毒是如何复制的。

总之,科学在宇宙中不断地寻求发现各种性质和过程。如何把金属做成桥梁,如何修建飞机场,如何做再造整形手术——在我们要使日常生活更轻松的需要上,科学是无与伦比的。

所以,那些向科学索求最终解答,或要求科学对"存在"的本质做出解释的人找错了地方,这就像是要求粒子物理学去评判艺术一样。然而科学家却不肯承认这一点。科学的分支如宇宙学就像是真能解答基本领域的最深疑问似的,它在其他方面的努力成功地建立起了殿堂,让我们大家都说:"往前走啊,再试一试。"但是迄今为止,它做得很少,还并没有取得成功。

宗教对宇宙的解答

不用说,有许多宗教流派,我们不准备深入探讨这些流派的无数差异。但存在着两个基本的宗教,各自拥有几十亿的信仰者。它们的观点与所陈述的目标区别极大,所以必须区别对待。

西方宗教(基督教、犹太教和伊斯兰教)

宇宙完全是上帝创造的,上帝站在远处。宇宙的产生有明确的日期,也会有终结。生命也是由上帝创造的。生命中最重要的目的是双重的:信仰上帝并服从上帝的戒律,如《十诫》(*Ten Commandments*)以及《圣经》或《可兰经》中列出的戒律,人们普遍把这些戒律视为全部真理的唯一来源。基督教常说,承认耶稣基督为救世主是完全必要的——人生的最终目的是为了体验天国(或得到"救赎",从而免受诅咒),因为来世事关重大。上帝是无所不知、无所不能和无所不在的,是宇宙的造物主和主宰。祈祷可以与他接触。除了一些神秘教派内部有通常被称之为"人神合一"的高峰体验状态之外,从不提及其他意识状态,不提及意识本身,也不提及个人发现终极实体的亲身体验。

生物中心主义 西方宗教对基本问题的解答

上帝是如何产生的?
不知道。

上帝是永恒的吗?
是的。

基本科学探究的是(例如,大爆炸之前是什么?)
这与精神无关;上帝创造了一切。

意识的性质是什么?
从未讨论过;不知道。

人的身体死亡之后,还能体验到生命吗?
是的。

生物中心主义 东方宗教(佛教和印度教)

万物本质上皆为一体。实体的真正性质是存在、意识和极乐。单个独立体形式的显现是虚幻的,叫做"幻"(maya)或"轮回"(samsara)。"一"是永恒的、完美的,它的运行轻松自如。印度教和佛教都接受无所不知、全能的神,这个神是这两大宗教的核心,但并非所有印度教和佛教的流派都是如此。时间是幻觉,生命是永恒的;多数流派相信轮回转世说达成了运行,但其他流派(如吠檀多不二论派)坚持认为生死实际上并不存在。通过狂喜的直接体验、涅槃(nirvana)、般若(enlightenment)或领悟,从而弃绝虚假的幻觉感而感知宇宙的真相。

东方宗教对基本问题的解答

什么是大爆炸?
这个问题没有意义。时间并不存在;宇宙是永恒的。

意识的性质是什么?
从因果来看,意识是不可知的。

人死后,生命的体验还会继续吗?
是的。

生物中心主义对宇宙的解答

在生命和意识之外没有独立的物质宇宙。未被感觉到的东西就是不真实的。一个外在的、沉默无声的物质宇宙存在的时间根本就没有过,生命也不是在这个时间里的稍晚时期中突然随机迸发出来的。作为感知的工具,空间和时间只是以思维构建的方式存在的。受观测者参与影响的实验,其结果很容易用意识和物质宇宙的相互关联性来解释。自然或思维都是不真实的,两者是相互关联的。找不到安放上帝的位置。

在此,再次表述我们已经建立的7个原理:

生物中心主义的第一个原理:我们感觉真实的东西是一个与我们的意识有关的过程。如果存在一个"外在"的实体,将会——根据定义——必须存在于空间之中。但这是没有意义的,因为空间和时间并不是绝对的实体,而是人类和动物的思维工具。

生物中心主义的第二个原理：我们的外在和内在感觉是相互纠缠的。它们是一个硬币的不同的两面，不可分开。

生物中心主义的第三个原理：亚原子粒子——实际上所有的粒子和对象——的表现与观察者的在场有着相互纠缠作用的关系。若无一个有意识的观察者在场，它们充其量是以概率波动的不确定状态而存在的。

生物中心主义的第四个原理：没有意识，"物质"就处在不确定的概率状态中。任何可能先于意识的宇宙，都只存在于一种概率状态中。

生物中心主义的第五个原理：唯有生物中心主义才能解释宇宙的真正结构。宇宙对生命做精微的调节，使生命在创造宇宙时产生完美的感觉，而不是相反。"宇宙"纯粹是它自身的完整时空逻辑体系。

生物中心主义的第六个原理：在动物意识的感知之外，并无真实的时间存在。时间是我们在宇宙中感觉变化的过程。

生物中心主义的第七个原理：空间与时间一样不是物体或事物。空间是我们动物的另一种理解形式，并不是独立的实在。我们像乌龟的壳那样承载着空间和时间。因此，并没有与生命无关的物理事件发生在其中的、自我存在的绝对基体。

第16章 这是什么地方？

生物中心主义对基本问题的解答

是什么创造了大爆炸？答：在思维之外，"无生命"的宇宙从不存在。"空无"是一个没有意义的观念。

岩石和生命谁先出现？答：时间是动物的一种感知形式。

宇宙是什么？答：是一种以生命为基础的主动过程。

我们关于宇宙的"概念"很像地球上的一间普通教室，这是一个让我们把地球想象成一个整体的工具。可是，当你到了大峡谷（Grand Canyon）或泰姬陵（Taj Mahal）[22]，那才是唯一真实的。拥有一个地球并不保证你真的到达北极和南极。同样，宇宙是我们用来代表事物的概念，是理论上可能体验空间和时间的工具，就像是一张CD——当你播放碟子中的一首歌曲时，音乐就跳入现实之中。

伴随生物中心主义可能产生的一个问题，就是"唯我论"（solipsism），即"万物归一"（All Is One）的观念，每个事物之中都充满了单一的意识，单个实体的外形只有在相对层次上是真实的，而在本质上却不是真实的。对此，本书作者并不固执己见，认为这种真实观既可以有，也可以没有。当然，不同的有机体具有很鲜明的外形或真实感，每个有机体都有自己的意识。"万物存在"（many beings）的观念不可抗拒地主导着全世界所有地方的公众信念。而持有与此相反的观点似乎不可理喻。

在此仍然要不厌其烦地提示，"万物归一"从每个学科中窥见了裂缝——许多常数和物理定律具有普遍的适用性，在所有文化背景和历史上，曾经有过"天启经验"的人都抱有"毫不怀疑"万物归一的坚定信念。我们能确信的只有一件事，我们的感觉本身——而非其他。如果"唯我论"是正确的，那么量子理论的EPR关联（相距极远的物体保持着密切的联系）的相关性也就有了完美的意义。因此，我们偶然产生的主观经验、讲述神秘的天启、物理常数和定律的结合、纠缠的粒子现象，以及某种动人的美学（爱因斯坦深信不疑的那种美学），都对这种潜在的"一"（Oneness）起到了一些暗示的作用。实际上，这也是隐匿在物理学家们孜孜不倦地探求大统一理论后面的沉默的发动机。总而言之，它可能是真的,也可能不是真的。如果它确实是真的,就最终确证了生物中心主义。如果这不是真的,那也没关系。

回顾各种各样的世界观,生物中心主义显然与之前的世界观的模式不同。在脑的研究上,生物中心主义与经典科学具有共性,它将进一步努力对意识进行科学探索,而实验神经生物学中的许多努力都将有助于我们扩大对宇宙的理解。另一方面,生物中心主义也与某些东方宗教信条相似。

生物中心主义的最大价值,或许有助于我们断定在某些领域中怎样做才能不虚度时间,生物中心主义认为,在这些领域中,试图把宇宙作为整体来理解可能是徒劳无功的。"万有理论"并不能解释生命和意识,最终却会走到死胡同去,"弦论"就是其中之一。完全以时间为基础的解释模式,比如要进一步研究作为宇宙诞生事件的大爆炸假说,永远不会令人满意,也永无结果。反过来说,生物中心主义绝不是反科学的;科学致力于过程或技术的飞速发展,在其领域中努力创造巨大的利益。而那些力图向仍然充满渴求的人们提供深奥或终极答案的人,若要取得成功,最终必须回归到生物中心主义的某种形式上来。

17 Sci-Fi Gets Real

第 17 章
科幻成真

    提出一种想象宇宙的新途径,总是意味着与现存文化习惯的惰性作斗争。由于书籍、电视以及现在互联网的影响,我们都有一种病毒般传播的思维方式。我们心目中的基本实体模式最早源于几个世纪前较为粗糙的形式,只是在 20 世纪中期才形成现在的样子。在此之前,宇宙或多或少总是按它现在的形式存在着——意味着宇宙是永恒的,这种观念似乎可信。这种恒稳态模式在哲学上有很大的吸引力,但埃德温·哈勃(Edwin Hubble)[23]在 1930 年宣布宇宙的膨胀之后,这种观念便摇摇欲坠,1965 年发现宇宙微波背景辐射现象后,就更站不住脚了——两者都强烈地指向宇宙诞生时的大爆炸。

    大爆炸意味着宇宙的诞生,因此也意味着它总有一天必然会死亡,即使谁也不知道是否这只是许多次爆炸的无穷无尽的重复时间循环之一,甚或还有其他宇宙同时并存。因此,无法证明永恒不存在。就在当前的宇宙模式之前,较早的神性宇宙曾经被一个更巨大的变化所替代,其运转只是出自于上帝之手或诸神,并由愚蠢的东西所构成,其中唯一有生气的力量是随机行为,就像从山坡上瀑布般滚落下的石头。

    然而,在所有这一切中,总有一些人们普遍接受的共同观点,即在何处去找到宇宙的构成成分、生命和非生命的关系和总体的结构。例如,自

19世纪早期以来,科学家和大众都想象过生活在各种天体表层上甚至月亮表层上的生命。直到1800年代中期,包括威廉·赫歇尔(William Herschel)[24]在内的许多科学家都认为,甚至与人类相似的生物"很有可能"住在太阳的表层,他们在太阳第二层内的隔热云层中,抗得住假定的高温和光云。科幻小说家抓住了19世纪人们对外星生命的这种痴迷并大加发挥,源源不断地推出火星人入侵地球之类的小说,科幻作品终于找到进入各种新娱乐传媒销售的途径,从图书、杂志系列到电影和广播,然后到电视。

这种虚构小说描写的内容,对于文化心态的形成有巨大力量。直到儒勒·凡尔纳(Jules Verne)[25]等作家描写人类在19世纪到月亮上去的时候,这个异想天开的想法便传播甚广。但是,到了20世纪60年代,载人太空旅行已经成为普遍的科幻主题,把这类科幻作品卖给大众易如反掌,而在肯尼迪、约翰逊和尼克松政府时期,大众也心甘情愿以纳税方式出钱把实现太空旅行的梦想变为现实。

于是科学和科幻作品(而不是宗教或哲学的作品)就成了许多公众经常用来想象宇宙结构的主要方法。21世纪一开始,几乎人人都表达出这样的信心:一切都开始于很久之前的一场巨大爆炸,时间和空间都是真实的,银河系和恒星极其遥远,宇宙绝对如砂砾一样默无声息,并受随机规律的支配。甚至还有更坚定的想法:每个人都是一个孤独的、面对着外在现实的生命体,有机体之间并不存在实质性的相互关联。这些就是有关真实的当代主流模式。

在20世纪60年代的早期电影中,科幻作品几乎总是把自身限制在现有的精神状态上。电影中出现外星人时——至今仍然是最受大众欢迎的主题——他们总是来自于行星的表层。剧本的基本要求是外星人的外表酷似人类,如电影《星际迷航》(Star Trek)中的克林贡种族(Klingons)就是如此,他们的语言比我们的语言(甚至我们的方言)更有优势,因为过分沉默会让电影的乐趣丧失殆尽,令人厌烦。如果影片中的外星生物只是一团团光影,外星人的形象就会一晃而过。

几部大受热捧的外星人电影的情节讲述了人类与非人类堕入情网的故事,如《太空堡垒卡拉狄加》(Battle-star Galactica)中,人类爱上了各种漂亮的赛昂人(Cylons),在老式电视剧《莫克和明迪》(Mork and Mindy)中也是如此,而且,电影中有一个孤独的英雄,或一个可爱但却难以适应社会的人,唯有他知道外星人的入侵,或者他才能够拯救世界。

一般来说,科幻作品中的外星人怀有邪恶动机,来者不善,无意把人类从毁灭性趋势(频繁的战争,徒劳的慢性节食)中拯救出来。最近20年来,另一种令人厌倦的情节又开始老调重弹,毫无新意:人类与失控的机器战斗。无论谁跟不肯启动的倔强的草坪机干仗的时候,都会牵连到反机器的主题,或许人们对各种精巧装置已早怀有几分厌恶之意,这种情绪在《终结者系列》(Terminator series)、《我,机器人》(I, Robot)和《黑客帝国三部曲》(Matrix Trilogy)中已经见怪不惊了,但还会没完没了。结果,"机器人——不好"犹如潜在信息一般,牢牢地植入到人们的意识中,而这对未来那些想要把机器变得既恭敬从命又迟钝无害的设计者来说,将会是真正的挑战。

其余大多数科幻作品的故事情节屈指可数。"消失在太空中的宇航员"事件、可能毁灭地球的灾祸,再有就是邪恶的俄美政府主题,在这类作品中,无论发生了什么,故事的引发都是由于某个秘密项目出了漏子,要么就是有个脱离组织的间谍搞阴谋诡计,或军事机构在从事未经批准的实验。

在1955年以前的科幻作品中,我们没见到过有关讨论实体本身的题材,而且也没有见到对主流世界观提出质疑的真正原创。外星人是来自一个行星的生物体,他们绝不是行星本身或一种能量场。这些作品把宇宙描绘成巨大的外在空间,而不是内在的和相互联系的。生命总是有限的,时间总是真实的,事件的展开完全是因为机械事故而不是内心的宇宙智力。至于观测者对无生命物体表现的影响中所蕴含的量子作用,就别提了。

大约在1960年,情况开始有了转变,特别是在《飞向太空》(Solaris,1961年)这部作品中,行星自身是有生命的。随之而来的是20世纪60—70年代的迷幻剂革命(psychedelic revolution)产生的极富想象的结果,就像人们对东方哲学突然产生了偏执的兴趣一样,大众更是受到前卫科幻作品作家,如亚瑟·克拉克(Arthur C. Clarke)和奥修拉·勒吉恩(Ursula

K. Le Guin)作品的影响。

对宇宙有关性质的传统思维习惯的抛弃,也许是随着老式的时间旅行主题的再度复兴开始的。时间旅行这个科幻主题一向为人们津津乐道。一直到20世纪60年代,旅行在美国和英国人生活中还只是在不同时间内的一次远游(现在仍然是人们热衷的主题),就像我们在《回到未来》)(*Back to the Future*)系列中看到的那样,或回过头去看由威尔斯(H. G. Wells)原作的《时间机器》(*The Time Machine*)的重拍版电影所看到的那样。电影故事涉及的时间与旅行通常无关,那只是在未来时代发生的故事,但经常结合到社会主题,如我们在《罗根的逃亡》(*Logan's Run*)中看到的那样。

还是回到生物中心主义的论题上来。电影对时间的有效性的追问开始出现于20世纪70年代。在根据卡尔·萨根(Carl Sagan)的小说《接触》(*Contact*)改编的电影中,我们享受到了相对论的乐趣。影片中,对参加实验的科学家来说只有一眨眼工夫的时间,而由朱迪·福斯特扮演的旅行者在另一个世界中却经历了几天的的探险。在电影《佩姬要出嫁》(*Peggy Sue Got Married*)中,时间这个可疑的量项(item)是这部电影的重大主题,影片中,一个成年人再度体验了儿童时期。在观众的脑海中,这种主题越发让人觉得,时间这个概念变成了令人怀疑的、不值得相信的东西。

进入科幻作品词汇库的,还有以意识为基础的实体概念。与电影《罗拉快跑》(*Ran, Lola, Ran*)一样,《记忆》(*Memento*)表现了电影中的主人公与多重时间层次的关系,还体现了量子理论的多世界解释(MWI, many worlds interpretation 的缩写),即一切皆有可能出现,即使我们只意识到了这一切可能中的一个,尽管电影呈现的后续结果并没有解释物理学的谱系。

所以在生物中心主义看来,放在人们脑海中的那张桌子跳进了现实中,而现实不过是在人们的脑海中,宇宙并不在别处。

因此,尽管迄今为止生物中心的观点并未在学校的科学课程和宗教中,也未进入普通人的思维方式中,但其宗旨正逐渐浸漫到某些科幻作品中,使人们对其全然陌生、完全出乎熟悉经验之外的感觉有所减少。据说,流行笑话就像病毒一样自我复制,它们在社会上的传播无须人为努力或操控,犹如有生命一般。破天荒的观念通常也是如此,它们不仅引人注意,而且正在以蔓延之势引人注意。所以,当伽利略发现根本就没人愿意亲自用他的望远镜去看一眼,从而明白地球并不是一切运动的静止的中心时,便勃然大怒。问题至少部分可能是由于这个观念还未达到自我复制而"蔓延"的程度。

比较而言幸运的是,由于与生物中心的观念共鸣的科幻作品得到了很大普及,生物中心主义的时代也许很快就会到来。当一些特立独行的科幻作家突发异想,要开发陌生、崭新的现实时,他们还不真正明白——现实究竟是纠缠的,还是因现在的决定而导致的已经过去的突变,或者现实就是生物中心主义本身——这个循环要由科幻迷们用某种真正的创见来完善。成功孕育成功,新的观念将会迅速渗透到集体意识之中,正如空间旅行这一观念的流行就在昨日。并且,在你明白这一点之前,发现自己已经处在了全新的思维时代。

所有的一切,都是因为人类对科学和虚幻宇宙的癖好。

18 Mystery of Consciousness

第 18 章
意识之谜

意识到我们具有感知……就是意识到我们自身的存在。

——亚里士多德(公元前384—前322年)

意识造就了科学中最艰深的问题,也构成生物中心主义的核心原理之一。没有什么比意识的体验更深刻,但没有什么是更难以解释的。澳大利亚国立大学(Australian National University)研究意识的戴维·查莫斯(David Chalmers)说:"近年来,各种精神现象都听命于科学研究,唯独意识拒不从命。许多人都试图解释意识,但做出的解释似乎总未切中目标。这就使某些人断定这个问题很棘手,无法对问题做出满意的解释。"

关于意识的图书和文章层出不穷,有些还用了醒目的标题,如1991年塔夫茨(Tufts)大学的研究者丹尼尔·丹尼特(Daniel Dennett)所写的那本普及性的《被解释的意识》(*Consciousness Explained*)一书。他采用他称之为"异质现象学"(heterophenomenological)的研究方法。该方法不是把内省的报告用作解释意识的证据,而是用作解释的数据,他认为"思维是不受监管的、并行处理的涌现式聚集"。但不幸的是,脑在处理很直接的工作时,如同时采用多途径的视觉方式时,看来脑确实是有效的。尽管这本书的书名宏大,但丹尼特似乎对意识本身的性质得出了毫无用处的结论。在冗长篇幅的接近末尾处,丹尼特几乎是事后聪明地承认,意识的体验完全是神秘的。难怪其他研究者把这本书称做"被忽略的意识"。

丹尼特是一大批研究者中的一员,他们对一切主观体验的核心秘密都不加理睬,而只讨论意识中最表面或最容易处理的方面,那些对认知科学的标准方法最敏感、用神经机制和大脑结构就可解释或有可能解释的问题。

查莫斯是斥责丹尼特观点的人的其中之一。他本人按照"容易解决的意识问题"的特征,概括出以下这些正在进行解释的现象:

- 对环境的刺激做出识别、分类及反应的能力
- 通过认知系统综合信息
- 精神状态的报告能力
- 进入自身内部状态系统的能力
- 注意力的集中
- 对行为的有意控制
- 清醒和睡眠的区别

在普及性的文献中,有人可能会肤浅地认为,上面列出来的几项代表了全部问题。但是,即使神经生物学最终可能解决上述全部问题,上述几项也并不代表生物中心主义和许多哲学家、神经学研究者所理解的意识。

查莫斯认识到了这些,他明确指出:"意识问题最艰难的是'体验'问题。当我们思考和感知的时候,伴随着飞速的信息处理过程,同时也存在着'主观'的方面。这种主观的方面就是体验。例如,在我们观看的时候,就体验到视知觉……然后就有肢体的感觉,从疼痛到性高潮、内在精神意象的显现、对情感品质的感觉,以及对一系列有意识的思考的体验。但这些系统为什么是体验的主体,这个问题令人困惑……人们普遍承认,体验是在生理基础上产生的,但体验为什么产生和怎样产生,我们尚无令人满意的解释。究竟是什么生理过程会引起了内在生命的丰富体验?生

第18章 意识之谜

理过程会引起体验,这在客观上似乎是不合理的,但确实引起了体验。"

意识这一问题是容易还是困难在于,如果意识本身只与功能或表现这些方面有关,则是容易的,所以科学家只需要发现大脑控制哪一部分即可,于是他们就可以理直气壮地说,他们已经解决了认知功能范围的问题。换句话说,发现运行机制这个问题相对简单。与之相反,意识或体验更深奥、令人极为沮丧的那方面,却是困难的,如查莫斯所说:"恰恰因为它不是功能的表现的问题。即使所有相关的功能的表现都得到了解释,问题仍然存在。"神经信息如何识别、综合和报告的机制,仍然无法解释意识是如何得到"体验"这一问题。

对任何研究对象来说——无论用机器还是电脑——除了构成它的原子的物理和化学运行之外,通常没有别的解释或工作原理。我们已经走上了一条漫长之路,用先进的技术和电脑记忆系统,以及更精确和更具灵活地完成工作任务的微电子线路和固态装置来建造机器。也许有一天,我们甚至会开发出能吃东西、能生育和进化的机器。可是,在我们理解大脑中的时-空逻辑关系的回路之前,还造不出《星际迷航》中的人工智能男孩"百科"、"戴维"那种有意识的机器。

我的兴趣在动物认知的重要性上,即我们怎样看这个世界。这使我在20世纪80年代的早期到哈佛大学与心理学家 B. F. 斯金纳(Fred Skinner)一道工作。那个学期过得非常愉快,一方面是与斯金纳交流观点,另一方面是实验室的实验工作。斯金纳已有近20年不做实验室的实验研究了,他只教鸽子相互之间跳舞,还打乒乓球。我们的实验最后成功了,所写的几篇论文发表在《自然》杂志上。报纸和刊物都用"鸽子说话:鸟脑的胜利"(《时代周刊》)、"大猩猩说话:斯金纳的鸟"(《科学新闻》)、"鸟对斯金纳说话"(《史密森人杂志》),以及"行为科学家与鸽子'谈话'"(《萨拉索塔先驱论坛报》)这类愉快的标题发表文章。斯金纳在《今天》节目上解释说,这些实验都很有趣。那是我在医学院中最好的一个学期。

这也是一个非常幸运的开端。那些实验与斯金纳的信念有关。他认为,自我是"与一组给定的偶然事件相称的一整套行为技能"。然而,若干年之后我逐渐相信,行为科学并不能解决所有的问题。什么是意识?

意识为什么会存在？这些问题不解决,那就很像制造和发射火箭却不知要把它发射到何处去——轰轰声震天响,是个真正的成就,而它存在的理由就是在真空中展示。质疑这些问题,有一种亵渎神明的意味,有一种背叛记忆中那位既文雅又自傲的老人的意味,许多年以前,是他给了我信心。但问题仍然像默不作声的蜻蜓或萤火虫,真实不虚无地飞悬在空中,它们放射出淡绿的光,顺着堤道飞去。也许这就是神经科学用神经细胞明确表示的现象也无法解释意识的原因吧。

这些早期实验的含义当然是,有朝一日我们搞清楚了脑中全部突触的联接,就能一举解决意识问题。但悲观主义总是在无声地潜伏着。查莫斯写道:"神经科学的方法不能提供意识体验的充分记录,虽然它们有很多可提供的东西。(也许)可以用一种新的理论来解释意识。"其实,在国家科学院1983年的一份报告中,认知科学和人工智能研究组(the Research Briefing Panel on Cognitive Science)说,那些令其关注的问题"表明有一个潜在的巨大科学秘密,其重要性堪与理解宇宙演变、生命的起源或基本粒子的性质相比……"

这个秘密是显而易见的。神经科学家已经建立了也许有助于解释大脑如何把分散的信息碎片组合起来的理论,因此对阐明单个感知对象的不同特性显然是成功的——如一朵花的形状、颜色和气味——这些特性都融入一个有机整体之中。某些科学家如像斯图尔特·哈默诺夫(Stuart Hameroff)认为,这一过程的发生具有非常深刻的基础性,它涉及到量子物理学的机制。而另一些科学家如克拉克(Crick)和科赫(Koch)则相信,这一过程是由脑中细胞的同步化(synchronization)产生的。对某种非常基础的问题的重大分歧足以证明,即使我们最终成功地理解了意识的机制,却会有巨量的工作在后面。

过去25年的理论工作成效,说明在神经科学和心理学领域中正在产生某些重要进展。坏消息则是,这些进展还限于结构和功能的理论,并没有告诉我们意识的体验是怎样伴随着这些功能表现的。而意识的难以理解恰恰就在于此,在于这个空白中,在于如何理解主观经验究竟是怎样从生理过程中呈现出来的。连诺贝尔奖得主、物理学家斯蒂文·温伯格(Steven Weinberg)都承认,有一个与意识有关的问题,这个问题虽然可能

第18章 意识之谜

与神经有关,但它的存在似乎并非来自于物理定律。如爱默生曾经所说,它与一切体验相抵触:

> 我们不是用判断的推理,而是在一个神圣之地突然发现了我们自己。当亦步亦趋,心怀虔诚。我们在世界的奥秘之前驻足,在这里,神灵显现,单一性变为多样性。

温伯格及其他思考这个问题的人抱怨的是,我们已经懂得一切化学和物理知识,还有大脑神经的构成和复杂结构及其衡定的涓流(trickle-current),而意识的结果竟然是这样的,简直令人惊奇!这世界上充满了多种多样的景象、气味和情感。"存在"的主观感觉、活在世上的主观感觉,我们却是如此无动于衷,以至于对此几乎没人稍微费神去想一下。科学原理(任何学科)都没有对我们暗示或解释过这些原理究竟是怎么得出来的。

许多物理学家声称,"万有理论"就在周围徘徊。但他们却欣然承认,不知该如何阐明《不列颠百科全书》前出版人鲍尔·霍夫曼(Paul Hoffman)所称的"万事万物中最大的奥秘"——意识的存在。但是,无论意识之谜中透露出的增量度有多小,已经并将继续揭开意识之谜的学科是生物学。物理学已在这一领域中做过努力,事实证明物理学不能胜任意识的研究,它无法给出任何解答。意识的研究者在继续探索当今科学问题的同时,正在以找到的蛛丝马迹为突破契机,迄今为止,所有途径的唯一指向,就是神经结构和与此有关的脑区域。例如,知道了脑的哪一部分控制嗅觉,对于发现气味的主观体验并无助益,又比如,"为什么"木柴燃烧会释放出它那种气味。对当代科学来说,正是这种令人极端沮丧的困境,让人对此望而却步。这会令人感觉就像古希腊人理解太阳的性质那样,每天都有一个大火球越过天空。人们是怎样开始确定太阳的构成和性质的?未来的两千年以后,当人们发明了分光镜和它的原理的时候,又会再做什么事?

爱默生宣告:"就让人们学会向自己内心揭示一切本质和思想吧;那就是神的最高居处;自然之源就在他的脑海中。"

如果物理学家都像斯金纳那样尊重他们的科学局限性就好了。作为当代行为主义的创始人，斯金纳从不试图去了解个体内部发生的过程；他沉默寡言、深谋远虑，认为思维是"黑匣子"。我们曾经谈到宇宙的性质、空间和时间，斯金纳说："我不明白你为什么会那样想。我甚至不知道如何开始思考空间和时间的性质。"他的谦卑显示了他的认识智慧。然而，我也从他柔和的眼光中看到了这个话题引发的无能为力之感。

意识问题的答案显然并不仅仅蕴含在原子和蛋白质中。当我们考虑神经冲动进入脑中时，我们知道它们不过与计算机内的信息一样，并未被自动汇编起来。我们的思想和感知并非它们本身，而是有指令的，但思维要与涉及到的每一种体验产生时-空关系，甚至把意义汇编到需要创建时-空关系的事物中，使认识进入到下一步，即我们的感觉直觉(sensuous intuition)的内在和外在形式。我们不可能有与这些关系不相符的体验，因为它们是解释和理解的模式——把感觉塑造成三维对象的智力逻辑。所以，认为在体验过程之前思维就存在于空间和时间中，和理解过程在脑中设置了空间和时间的指令之前，思维就存在于脑的回路系统中，都是错误的。如我们已经知道的那样，这种情况就像播放一张CD唱碟。CD唱碟上只有信息，但当CD机播放时，信息就变成在整个空间中弥漫的声音了。这样，也只有这样，音乐才存在。

有爱默生的这句话就足够了："精神是唯一的，自然是它的精神关联物。"存在本身其实就是由这种关系的逻辑构成的。意识与物质的构成或功能在本质上无关，如同松树的躯干，它深达地下成百个地方，从空间感知的瞬间现实中汲取它的存在。

那么，人们喜爱的科幻作品的主题如何，机器产生的属于它自己的思维又如何？艾萨克·阿西莫夫(Isaac Asimov)问道："我们不禁想知道，计算机和机器人不会最终取代人的能力吧？"在斯金纳80岁的生日聚会上，我的邻座是一位重要的国际人工智能专家。我们谈话时，他转过身来问我："你跟斯金纳合作密切。你认为，我们以后能不能复制出你们喂养的鸽子的思维呢？"

"你指的是感觉运动功能？能够复制。"我回答说，"但是意识不能复制。这不可能。"

第18章 意识之谜

"我不理解。"

这时斯金纳正走上讲台,聚会的组织者请他发表简短讲话。这毕竟是他的生日聚会,对于一个他过去的学生来说,这似乎不是大声议论意识问题的适当场合。而现在我要毫不犹豫地说,在我们理解意识的性质之前,绝对造不出复制人或鸽子,甚至蜻蜓的思维的机器。对机器、计算机这种物体来说,支持它们的只有物理学原理而别无其他。事实上,唯有在观察者的意识中才会有空间和时间。机器和计算机与人或鸽子不同,它们不具备对于感觉和自我意识所必需具有的统合感知体验(unitary sense experience),因为在理解产生与每一种感觉体验有关的空间-时间关系之前、在意识和空间世界的关系建立之前,必然会出现这种感知体验。

对任何参与创造这样的机器的人来说,要把意识传达给机器,使一个具有意识的新东西问世,困难是显而易见的。意识是如何产生的?印度教徒相信,怀孕的第三个月,意识或感觉就进入胎儿体内。其实,本着科学的诚实精神,我们必须承认,我们还不知道意识是如何出现的——不是个体也不是群体的人产生的意识,但意识肯定不是来自分子和电磁力。真的有意识出现吗?广为流传的说法是,我们体内每个细胞都是几十万年前就开始分裂的、持续不断的细胞之一部分——是一根完整的生命链。但意识又是如何的呢?意识肯定是更完整的。尽管多数人愿意想象一个没有意识的宇宙,但如果我们对此充分思考,就会明白这并无意义。意识是如何开始的?意识怎么能够产生?与搞清楚意识的出现是否较晚相比,这个问题难道不是更神秘吗?意识与万事万物是不是含义相同呢?

过去和现在的深刻思想家都是对的:意识是最大的秘密,与之相比,其他的一切都黯淡无光。

为避免读者认为这是闲聊或哲学讨论,那就记住,在过去的75年中,观测者决定的论点一直在触怒高层次的物理学界。有关观测者在物理宇宙中的作用和重要性的讨论毫无新意。不妨回顾一下奥地利量子物理学专家埃尔温·薛定谔(Erwin Schrödinger)著名的思想实验(thought experiment)。这个实验试图表明,所谓量子实验中物质的求偶思维(mating mind)结果这个流行的说法是何等的荒谬。

薛定谔说,想象有一个密封的盒子,我们在它里面放置些许放射性物质,这种物质也许会、也许不会释放出粒子来,两种可能性都存在。根据哥本哈根解释,在粒子被观测到之前,这些潜在的结果都不真实。唯有如此,才有后来所谓的波函数坍塌,粒子本身才显现或不显现出来。到目前为止,都很公平。不过,现在把一台能探测到粒子出现(假定有出现概率)的盖革计数器放在盒子里。如果盖革计数器感应到了粒子,就会触发一个锤,让它转动落下并砸在装有一小瓶氰化物气体的玻璃上。

再把一只小猫关在这个盒子中,然后它会死去。现在,根据哥本哈根解释,粒子的量子放射性释放、探测仪、下落的锤和小猫都统合在一个量子系统中。不过,只有当某个人打开盒子才能观察,才能使事件的整个结果由可能变为真实。

但这意味着什么呢? 薛定谔问。我们是否相信,在盒子被打开之前的那一刻,如果我们看到了一个腐烂的死猫,这个动物就悬置在什么事都可能发生的状态中? 我们是否相信,这只猫只是"显得"好像已经死去几天了? 我们是否相信,如哥本哈根解释会坚持的那样,这只猫确实是既死去了,又是活着的,直到某个人打开盒子,已经发生事件的全部结果才呈现了出来?

是的,确实如此。(除非猫的意识算得上观测,使得最初的波函数当场就坍塌了,无须等到几天之后有人去打开盒子。)无论怎么说,甚至是现在,许多物理学家都相信所有这一切。同样,我们可以看到一个似乎从137亿年以前的大爆炸开始的宇宙,也是我们现在才看到的宇宙,这似乎才是真实的历史。量子理论坚持认为,我们可以说,只有一件事情是肯定的:宇宙看上去就像已经存在了数十亿年了。从量子力学来看,我们知识的确定性有重大的、难以改变的局限性。

但是如果没有观察者,很明显宇宙就不只像是空无了。不,还不止于此,宇宙就不会以任何方式存在。斯坦福大学的物理学家安德烈·林德(Andrei Linde)[26]说:"宇宙和观测者两者是同时存在的一对。我无法想象一种不考虑意识却没有矛盾的宇宙理论。在没有观测者的情况下,我就不明白我在此处所称的宇宙有什么意义。"

普林斯顿大学杰出的物理学家约翰·惠勒(John Wheeler)多年来一直坚持认为,在观测从遥远的类星体发出的光在前景星系(foreground

第18章 意识之谜

galaxy)[27]发生弯曲,使它有可能在恒星众多的区域的那一边出现时,我们就有效地进行了量子观测,不过这种观测的尺度极为巨大。他坚称,这意味着,观测正在到来的光,使数十亿年来发出的光的尚未确认的路径得到了确认。过去是现在创造的。这肯定会令人想起本书前面章节中讲过的量子实验。在那些实验中,观测使得孪生粒子在过去的时间中所通过的路径立即得到了确认。

2002年,《探索》(Discover)杂志派蒂姆·福尔格(Tim Folger)到缅因州的海岸边直接采访约翰·惠勒。他对"人择理论"等问题的见解在物理学界仍然很有分量。他一直表示,杂志决定以"如果我们不看宇宙,它还存在吗?"为标题刊登这类极具争议的文章,要等到他生命中的第十个10年。他对福尔格说,他确信宇宙中充满了"不确定的巨大云团",有意识的观测者还没有看到过这些云团,甚至没有看到过其中的某些无生命的物质团块。他相信,宇宙中"有一个巨大界域的竞技台,在那里,时间上过去的并没有消逝"。

现在你可能觉得头昏脑涨,且让我们休息一下,再谈谈我的朋友芭芭拉吧。她惬意地坐在起居室,面前有一杯水,她确定自己和水都是存在的。她的房子跟平常一样,墙上挂着艺术作品,还有铸铁的炉灶和古老的橡木桌子。她在几间屋子来回转悠。20世纪90年代选购的精品——由作坊生产的餐具、床单、艺术、机器和工具,她的职业限定了她的人生。

每天早晨,她开门取回《波士顿环球报》,或是到花园里干活。她打开走廊后面的门,来到旋花转轮点缀的草坪。旋花转轮在微风中吱嘎吱嘎作响。她寻思,不管她是否开门,这世界都在动荡之中。

当她在浴室时,厨房消失了,这对她毫无影响。当她睡着时,花园和旋花转轮就消失了。当她去杂货店时,她的商店和里面的工具都不存在了。

芭芭拉从一间屋回到另一间屋时,她饲养的动物再也感觉不到厨房——洗碗槽的声音、滴答的钟声、管道中低沉的流水声、厨房中的烘烤味——厨房和那里面所有不相关的小东西都溶入概率波空无的原始能量之中。宇宙是从生命中突然呈现出来的,而不是反过来那样。或许这样的表述更容易理解:自然和意识具有永恒的相关性。

对每一个生命来说,如果你愿意这样想的话,一个生命中就有一个包含着"实境"(sphere of reality)的宇宙。其形状和形式都出自于一个人的头脑中,是运用由耳朵、眼睛、鼻子、嘴巴和皮肤收集全部感觉数据来产生的。我们这个星球由数十亿的实境组成,是内在和外在的汇集,这个混合体的范围之广令人瞠目结舌。

真会是这样吗？你每天早晨醒来,你的衣服还是静静地放在床的对面。你穿上那件牛仔裤和你喜欢的衬衫,趿着拖鞋慢悠悠地走到厨房去煮咖啡。这时候谁会在心中说,外面的大千世界就建构在你的头脑中？这就引起了某些另外的类比。

要更充分的理解用静止箭头和正在消失的类月星体表示的宇宙,让我们转而讨论当代电子学和我们动物感官的感知工具。你由经验知道,在黑色的 DVD 播放箱中有某种东西使无生命的碟片转化成电影。你的DVD 播放器中的电子装置把碟片上的信息转换成了二维显示的生动内容。同样,你的大脑也把宇宙转化成了生动的内容。你可以把你的大脑想象为 DVD 播放器中的电子装置。

用生物学的语言来换一种方式理解。大脑把你的5种感觉形成的电化学脉冲转化成指令和序列,转化成面孔、书页、房间和环境——转化成统合的三维整体。它把输入的感觉流转变成某种真实得几乎没人去追究它是怎么发生的东西。我们的思维非常善于创造三维的宇宙,令我们很少质疑这个宇宙是否只是我们想象出来的。我们的大脑对接收到的感觉进行分类、排序和解释。例如,来自太阳的光子携带着电磁力抵达地球,光子本身是看不到的,它们是能量束。由于有上万亿无以计数的物质在我们周围跳动,有些物质随着我们的方式反射,每种物质的不同的波长组合进入了我们眼中。它们释放出的力作用在数百万个锥形细胞上的排列成精致设计的数万亿个原子上,锥形细胞迅速激活状态进行运算,其数据更换的规模超过了任何计算机,于是世界便出现在大脑之中。我们在第3 章中所知道的光,其本身并无颜色,而现在却成为形状和色彩各异的神奇什锦。更深入的并行处理在神经网络中蜿蜒穿梭,其速度为声速的三分之一,使一切感觉产生意义——这是一个必要的阶段,因为那些失明数十年但恢复视力后视觉仍然模糊、看不清外界的人,难以看到我们所看到的东西,或难以有效地处理刚得到的信息输入。

第18章 意识之谜

视力、触觉感和气味,这些感觉都是思维内部的体验。除了语言上的习惯说法,它们均不在"身外"。我们观察到的一切是能量和思维相互的直接作用。我们不能直接观察到的一切,只是以可能性存在——或以更数学的方式来说——叫做"概率的迷雾"(a haze of probability)。惠勒说:"在被观察到之前,一切都不存在。"

你也能想到,你思维的运作就像电子计算装置中的回路系统。比方说,你刚买了一台新品牌的计算机并打开了它的包装。你在键盘上敲入4×4,即使以前在这个特殊装置上这些数字从未相乘过,小小的显示器上也跳出数字16。计算器跟你的思维一样,遵循着一套规则。在一台有运算功能的计算器上,输入4×4,或10+6,或25-9,总会跳出16来。你走出门去,就像敲入了一组新数字,这个数字决定了将会有什么"显示"出来——月亮会在什么地点出来,是云层遮掩的月亮,是新月,还是满月。

在你真正仰望星空之前,它的真实的物质细节是不清楚的。月亮,只有当它从数学概率的范畴中脱离出来,并且进入观察者的意识之网,才是确实存在的。无论如何,它的原子之间的空间非常之大,与其称月亮是空洞的空间,不如称它为对象。它确实没有什么结实的东西,那不过是脑子里的东西而已。

也许你想要在朦胧的概率变成形式之前,赶紧看上它一眼,就像小孩偷看《花花公子》的封面。难以抑制的好奇吸引了你的眼睛,使你闪电般转头一瞥那禁看的东西。但你不可能看到并不存在的东西,所以,这个游戏是白费心思。

也许有些读者认为这是无稽之谈,认为大脑不可能真的具有创造物质现实的机制。但记住,梦幻和精神分裂症(想想电影《美丽的心灵》〈A Beautiful Mind〉)证明思维能够建构的时-空真实,如你现在正在体验的一样真实。作为一个医学博士,我能证明这个事实,幻觉和幻听的精神分裂患者都"看到"和"听到"了对他们而言是完全真实的东西,与你现在正在读的这页书,跟你坐的椅子一样真实。

正是在这里,我们终于要接近我们自己想象的边缘了,在那树木茂密的边界上,在古老神话的讲述中,狐狸和兔子互道晚安。众所皆知,在睡眠中,意识减弱了,时间和地点的持续联系也减弱了,空间和时间也结束了。那么,我们到何处去寻觅我们自己呢?在可以任意设置闹铃的地方。如爱默生所说:"如是,赫尔墨斯赢得了月亮的骰子,欧西里斯将要出生。"[28] 其实意识只是我们思维的表面,我们知道它与地球一样只是外壳而已。在意识思考的层面之下,有我们能想象的无意识的神经状态。但就这些精神能力本身而言,它们与一块岩石和一株树木没什么不同,除了它们与我们意识的关系之外,不能说它们存在于空间和时间中。

至于它的局限性,比如它的边界,难道它们是以任何可以想象的方式存在的吗?也许它比我们能想象的更简单?梭罗(Thoreau)写道:"始终都是可能性……万物的存在。"

这怎么可能是真的?它是如何做到的,就像我们用电子做的那些实验,一个粒子能同时在两个地方?看到了池塘中的潜鸟、田野中的一朵毛蕊花或蒲公英、月亮,还有北极星吗?把它们分开并让它们孤单的空间有多么大的欺骗性啊?难道它们不是贝尔(Bell)喜欢的那种真实的主题吗?(贝尔的实验彻底解决了本地发生的事件是否由非本地的事件所引起的这一问题。)

这与爱丽丝发现自己在泪池(the Pool of Tears)中的情景不同。我们确认自己与池塘中的鱼无关,因为它们有鳞和鳍而我们没有。理论家伯纳德·德斯帕拉德(Bernard d'Espagnat)曾经说过:"现在,不可分是物理学中最确定的基本观念之一。"这并不是说我们的思维像贝尔实验中的粒子那样,是以违反因果律的方式联系起来的。我们不妨设想,在宇宙的两边放上探测器,光子从某个中心向两个探测器飞去。假如有个实验者改变了一个光束的极性,可能会立即影响远在 100 亿光年处的事件。但在这整个过程中,从 A 点不可能有信息传达到 B 点,或从一个实验者传达到另一个实验者那里。粒子完全是对它自己呈现的。

就这个意义上讲,我们中有一部分人与池塘中的鱼有密切的关系。我们以为在我们面前有一堵封闭的墙,有一个边界。而贝尔的实验则暗示,有一个因果联系超越了我们惯常的经典思维方式。"人们尊重远处的事实",梭罗写道:"在体系的边缘,在那最远的恒星后面,在亚当之前和最后那一个人之后……但是,所有这些时代、地点和时机,就在当下,就在此处。"

19 **Death and Eternity**

第 19 章
死亡和永生

> 人的精神不会随着肉体的消亡而完全毁灭,它的某些部分将永生。
>
> ——本尼狄克特·德·斯宾诺莎(Benedict de Spiroza):《伦理学》

生物中心的世界观如何改变了我们的生活？它是如何影响我们的爱、恐惧和忧伤感情的？最重要的是,它能让我们面对我们显然会死亡,以及我们肉体与意识的关系吗？

对生命的依恋,因死亡而产生恐惧是人们普遍关切的,令人感到有些困惑,就像电影《银翼杀手》(*Blade Runner*)中的复制人不无粗鲁地对听众讲得很明白的那样。而当我们抛弃了偶然的、以物质为中心的宇宙,开始用生物中心的方式看待事物,有限生命貌似真实的束缚就松开了。

2 000 年前,伊壁鸠鲁学派的卢克莱修(Lucretius)[29]告诉我们不要害怕死亡。现代科学对时间的思考和发现也得出同样的论断——精神的彻悟是终极的实在,是至高无上的和无限的。那么,精神是否会随身体的死亡而消亡呢？

在这一点上，我们要暂别科学，对生物中心主义所主张和赞成的作一番思考，而不考虑它能证明什么。以下所讲全然是推测性的，只是哲学意义上的解释，因为在逻辑和理性上，它是在以意识为基础的宇宙上推断出来的。而对那些希望严格坚持"夫人，讲出实情来"（Just the facts, ma'ma）态度的人来说，则不必勉强接受这种相当临时性的结论。

爱默生在《超越灵魂》（The Over Soul）中描述道："对多数人来说，理智的影响把精神压制到了这个程度，使得空间和时间之墙看上去愈发坚固而真实、不可逾越；轻言这个世界的限度，是精神错乱的征兆。"

我还记得我最初明白这句话的那一天。有轨电车从转角处开过来，车顶散射着火花，伴随着金属车轮的摩擦声和一些硬币的叮当响声。它摇晃着快速滑行，巨大的电机在我过去的时光中行进，数十年的回忆一段接一段，越过了波士顿这座大都市的范围，直至罗克斯伯利。对我来说，在这山丘之下，宇宙开始了。我希望能发现在人行道旁或一株树上涂写的一组字母缩写，甚或一个有点生锈的过时玩具，那也许就是我随手扔到鞋盒的那个玩具，那是我自身不朽的证据。

但我去到那个地方时，发现那些铲车已去过那儿并且开走了。看来这座城市已经改造了成片的贫民窟。我曾经住过的老房子，我的朋友们玩耍过的隔壁房屋，还有我成长岁月中的院落和树木，所有的一切都已然消失。虽然这一切都从世上被扫除掉了，但在我心中却依然如故，它们在阳光下闪烁、反光，与眼前的景象交相叠映。我向凌乱不堪和有一些不明建筑物的地方走去。春季的这一天——我的一些同事在实验室做实验，另一些人在思考黑洞和方程式——而我却坐在这空旷城市的空地上，为无休无止和乖张无常的时间绞尽脑汁。并不是因为我从未见过落叶，没见过一张变老的面孔，但在这里，两者都有可能见到。我可以穿过某个背街，让我超越我熟知的自然，直抵万物变动不居中藏匿的永恒真实。

阿尔伯特·爱因斯坦在《物理学年鉴》（Annalen de Physik）、雷·布莱德伯利（Ray Bradbury）[30]在他的大师之作《蒲公英酒》（Dandelion Wine）中都意识到了这个困境的范围。

"是的，"本特利夫人说，"我像你这样还是个乖女孩的时候，也跟你们一样,简,爱丽丝……"

"你在跟我们开玩笑吧,"简咯咯笑着说,"你并不真的有过十岁吧,本特利夫人?"

"你们在家里跑来跑去!"这个女人突然哭了起来,因为她无法忍受她们的眼光,"我不要你们嘲笑我。"

"你的名字不是真的叫海伦吧?"

"我当然叫海伦。"

"再见,"两个女孩边说边咯咯笑着跑过阴凉的草坪,汤姆慢慢跟在她们后面。"谢谢你的冰激凌。"

"我还玩过跳房子游戏呢!"本特利夫人在他们后面叫道,但他们已经不见了。

我站在过去的废墟瓦砾中,就像本特利夫人那样感到惊愕,身在当下,意识却像吹过空地的飘忽微风,吹开了树叶,来到时间的边缘。

"亲爱的,"本特利夫人说,"你永远不会理解时间?你九岁的时候,你想自己永远都只有九岁大,再不长大。你三十岁的时候,你似乎总想在那中年的好时光边缘保持平衡。后来你过了七十岁,你想永远都是这个岁数。而现在,你陷入既年轻又老迈的处境中,不知何去何从了。"

本特利夫人观察到的并非微不足道的琐事。把一个人与他的过去分离——把当下的现在与此后的现在分离、又持续贯穿于意识之中的那种时间是什么呢?我们说,80岁是最后的"现在",而谁又知道时间和空间(现在被认为是直觉的形式,而不是不可改变的独立实体)其实并不是"总是"呢。一只猫即使患了绝症,仍然睁大着眼睛平静地注视着当下周围的千变万化。没有死亡的念头,因而就没有对死亡的恐惧。顺其自然。我们相信死亡是真的,因为有人告诉我们,我们会死去。当然,还因为我们多数人把自己与身体绝对地联系起来,我们知道,身体死亡时,我们的故事就结束了。

宗教可以不断讲述死后的种种经历,但我们何以知晓那是真的呢?物理学可以告诉我们能量永远不灭,我们的头脑、心智及其对生活的情感都由电能操控,因而这种能量与其他的一切那样,绝不会消失和终结。如此说法,在理性上是非常美妙和充满希望的,但我们怎么能肯定我们还能体验生命的感觉呢——神经学家研究了这个秘密却一无所获,犹如我们梦中见到的那些过道,比我们曾经走过的走廊更长。

在生物中心主义看来,时间和空间无穷无尽的意识宇宙,使得真正意义上的死亡并不真实。身体死亡时,在随机弹性碰撞的基体中并没有死亡,而是在"一切都是无法逃避的生活"(all-is-still-inescapably-life)那个基体内死亡了。

科学家认为,他们可以讲述个体生命的开始和结束,而我们普遍拒绝接受虚构影视作品如《星际之门》(Stargate)、《星际迷航》(Star Trek)、《黑客帝国》(The Matrix)中的多重宇宙。但在这种通俗的文化作品中,倒确实有比一点科学真相更多的东西。这只会加快正在到来的世界观的转变,从相信时间和空间是宇宙中的实体到相信时间和空间只属于生命。

我们当前的科学世界观没有对死亡的恐惧提出解脱之道。但你为何还在世上,看似偶然地栖息在万事万物的风口浪尖上?回答很简单——那扇门永远不会关上!你的意识终结的数学概率为零。

日常生活的推理经验使我们处在这样一种环境中,界限分明的对象在其中来而复去,万事万物都有产生之时。无论是一支铅笔还是一只小猫,我们看到有些东西进入了世界,而另一些东西则毁灭或消失了。逻辑就是由这种开端和结束编织而成。反过来说,像爱、美、意识或整个宇宙,这些实体本质上是超越时间的,总是在有限性的冷漠掌控之外。所以现在我们知道,"大千世界"(the Great Everything)是意识的同义词,很难归入那种转瞬即逝的物类中。即使没有论据,也不妨把本能与我们在此运用的科学结合起来,断言意识确实如此。能够证明不朽也令人皆大欢喜。

我们无法记住无限的时间,这并没有意义,因为记忆在神经网络中是特别受限和有选择性的回路。根据记忆的定义,我们既不可能回忆起不存在的时间,也毫无裨益。

永生是一个让人迷恋的观念,但这个观念并不表示时间上的永久存在没有终结。永生并不意味着无限的时间序列,相反,它完全存在于时间之外。东方宗教几千年来理所当然地认为,生和死同样都是幻觉。(至少东方宗教的核心教义认为如此。对每一种宗教中的大众来说有很多边缘性的观念。东方教派中这些边缘性的概念还有转世轮回。)因为意识超越了肉体,因为"内在"和"外在"是语言和实用的唯一基本的区别,于是我们把"绝对存在"(Being)或意识作为存在的最基本的成分。

思考这类事物时有许多方面的问题,并非只是因为语言本质上具有二元性,所以很难适应这种追问,而且还有因理解程度不同而存在的"事实"的层次问题。科学、哲学、宗教和形而上学都涉及到如何向广大听众讲述的困难,而大众的理解力、教育程度、爱好和偏见却是千差万别的。

一位有技巧的科学演讲者登上讲坛,对当天台下的特定听众的情况他胸有成竹。一位物理学家作一场通俗演讲,特别是对年轻听众演讲,会避开一切疑问,以免听众感到疑惑。像"电子"这类术语需要作简单的定义。另一方面,如果听众有良好的科学知识背景——比方说是中学的科学课教师的讲课——然后讲出"电子绕原子核作轨道旋转"、"木星绕太阳运行"这些人们已经熟悉的表述,人人都能理解。倘若听众是更精通专业的内行,其中有物理学家和天文学家,则这两个表述都是错误的。电子并非真的是绕轨道旋转,而是在距中心一定距离处以概率状态独自闪烁,在观测者迫使它的波函数坍塌之前,它的位置和运行都是不确定的。木星绕行的不是太阳而是重心,即太阳表面之外的空间中的空点(vacant point),在那里,两个天体的重力像跷跷板那样平衡。一个语境中的正确在另一个语境中却是错误。

对科学、哲学、形而上学和宇宙学来说也是如此。当一个人真切地认识到自己的存在系于身体,并且肯定宇宙是独立、随机和外在的实体,就会说"死亡不是真的"不仅荒唐而且虚假。他的身体细胞全都会死亡殆尽。他孤独的生命体的虚假和有限的感觉也会完结。关于死后的种种说法会受到相应的正当怀疑:"人死后还会有什么,难道是我腐烂的尸体?怎么体验得到?"

再往上一个层面,是我们对自己个人生命实体存在的感觉,或许还有对身体中隐含着心灵的感觉。如果一个人有过心灵体验,甚或灵魂不灭的宗教或哲学信仰是他的精神本质中的重要部分，那么，他对身体死后的某种继续的认可就会对他产生更大的意义，即使是他的无神论朋友对他的愿景抱以嘲笑，他对这种观念也不会产生动摇。

死亡这个概念永远只有一个含义：没有缓刑、毫不含糊的结束。它只会发生在某种已经出生和产生、某种性质上受到约束和有限的事物上。你从祖母那里继承的精美酒杯，当它落下摔得粉碎时可能损毁，从此失传。个人的身体也有出生的时刻，经历90代之后，个体的细胞注定会衰老并自我毁灭，即使没有外力的作用也会如此。虽然恒星通常享有长达数十亿年之久的生命期，但也会死亡。

于是，一切问题中最重大、也最古老的问题就出现了。我是谁？如果我只是自己的身体，那么我必然会死去。如果我是自己的意识，是体验和感觉的意义，那么我就不会死去，理由很简单，意识可以通过多种方式继续表达，而它最终是不受限制的。如果一个人愿意要搞清楚这些问题，即"活着"的感觉、"我"的感觉是什么，到目前为止的科学能够解释的是，人体内有一个生机勃勃的神经电路喷泉，在以约100瓦的能量（相当于一个电灯泡的功率）运转。我们甚至能释放出与灯泡相同的热量，这就是哪怕在寒冷的冬天轿车也能很快变暖的原因，当驾驶员身边有一两个乘客时更是如此。

现在，真正的怀疑者可能会提出异议说，在死亡和消亡时，这种内在的能量仅仅是"离开"了而已。但能量永远不会消亡是最可靠的科学公理之一。众所周知，能量不灭具有科学的确定性，既不能创造也不能消灭，只是形式的变化。因为万事万物都绝对具有能量衡等性（energy-identity）的，所以一切都不能因能量不灭而得到豁免。仍以轿车为例来做类推。比如你驾车向山坡上开去。汽油中所含的能量以化学键的形式存储，释放成为汽车的动力用以克服重力。当汽车上坡时消耗燃料但却获得了势能。这意味着抗拒重力而产生出能量的贮存形式，犹如一张10亿年之后都不会过期的息票。汽车随时都可以兑现势能的息票。现在就兑现，关闭引擎让汽车惯性滑坡。当它这样运行时，车速逐渐加快，获得了动能，即运动能。而当它的高度下降后，就耗尽了重力势能，但又获得了动能。你踩踏制动器时它会变热，换个说法，这是它的原子加速的另一种方式——产生更多的动能。混合动力汽车就是利用这种制动能量来为电池充电的。总之,能量保持着变化的形式,但它一点都不会消失。同样,"你是谁"这个问题的实质就是既不会消失也不会"离开"的能量——根本没有什么可以"离开"的东西,我们栖息在一个封闭系统中。

这些含义对我妹妹克里斯汀(Christine)最近的去世很贴切。我正在与美联社的记者互通短信,此时科学史上最大的欺诈案正被揭开。

2005年10月12日,星期六,下午1:40,发自记者:鲍勃:一切都很诡异。黄(韩国黄禹锡)[31]的克隆论文的优势正在消失,大家都觉得中心肯定是压制不住了。我完全不知道怎么报道黄住院这件事……太富戏剧性了,这个欺诈事件会很快曝光,结果会更严重……事情怎么压得下去?

2005年10月12日,星期六,下午4:24,发自罗伯特·兰札:生活是疯狂的。我妹妹刚出了车祸,体内大出血,刚才紧急送去做手术。我刚跟一个医生谈过话——他们觉得她挺过去的希望不大。现在所有的事情看上去都很渺茫和荒唐。我得去医院了。鲍勃。

2005年10月12日,星期六,下午5:40,发自记者:我的天哪,鲍勃。

但我妹妹没有挺过去。我查看了克里斯汀的遗体之后,出来跟几个家庭成员谈话。他们已经聚集在医院。我走出房间时,克里斯汀的丈夫艾德忍不住啜泣起来。此刻,我感觉自己超越了时间的地方观念。我一边在充满泪水的现实中,另一边回到自然的荣耀中,面朝太阳的光辉。就像丹尼斯意外亡故后那样,我再次想到与萤火虫相处的那个小片段,想到每个生命体怎样由多重范围的物质现实组成,犹如穿过房门的幽灵越过空间和时间。我又想到电子同时穿过两个小孔的双狭缝实验。我不可能怀疑那些实验的结论。克里斯汀去到了时间之外,既活着又死去了,而在我的现实中,我只能面对这个结果,仅此而已。

克里斯汀曾经有过坎坷的生活。她终于找到一个自己钟爱的男人。我的小妹妹无法参加婚礼,因为她已经安排了为时几周的纸牌比赛。我母亲由于在慈善互助会有个重要约会也无法参加婚礼。婚礼是克里斯汀一生中最重要的日子。除我之外,我们这一家没人出面,所以克里斯汀要我陪她步入婚礼的殿堂。

婚礼后不久,克里斯汀和艾德驾车去他们刚买下的新房。他们开的车遭遇了冻冰。她被抛出车外撞上了雪堆。

"艾德,"她说,"我的腿没感觉了。"

她不知道,她的肝脏被撕裂成两半,血涌进了腹膜。

爱默生在他的儿子死后不久写道:"我们生命面临的威胁并不像我们感觉的那么大。我所悲伤的不幸并不能令我领悟到什么,也不把我带进那真实的本性。"竭力看穿我们平庸的感觉那层面纱,我们才能更加接近理解我们与万物的深刻关系——一切可能性和潜在性,无论是过去的还是现在的,巨大的还是微小的。

在那之前不久,克里斯汀刚瘦身100多磅,艾德买了一对宝石耳饰作为给她的惊喜。我必须承认,等待是残酷的。但是我知道,下次我再见到克里斯汀时,戴上那对耳饰的她会显得非常完美……她,我,意识,无论以什么形式呈现,都将是令人惊讶的一幕。

20 **Where Do We Go from Here**?

第 20 章
我们何去何从？

生物中心主义是世界观的科学改变，有意合并到现有的研究领域中。它提出用短期和长期的时机来证明生物中心主义自身的正确性，并且用它作为解释当前人们对生物学和物理学中无动于衷的那些方面的跳板。

随着新的、更具智慧的量子理论实验永无止境的创新，随着它们扩展到宏观世界，生物中心主义的最直接证据将会出现。如我们在前面章节中描述过的那样，量子理论已跻身于可见领域之中。随着进入宏观领域的例证的日益增加，当"被观测者影响"的结果显现出来时，那种"故意看不见"的态度就难以自圆其说了。简而言之，量子理论本身要求对它的奇怪结果做出解释——最符合逻辑的解释将是生物中心主义。

2008 年发表在《物理学进展》(Progress in Physics)杂志上的一篇文章中，艾尔迈拉·埃斯维尔(Elmira A. Isaeva)说："作为替代量子测量的一种选择和关于如何发挥意识的功能的哲学问题，量子物理学的问题与两者有着很深的关系。很可能在解决这两个问题时，量子力学实验有望把脑和意识的运作机制包括在内，然后才会有可能对意识的理论提出一个新的基础。"这个观点居然发表在物理学杂志上！

这篇文章接下来讨论了"在意识状态下物理实验的依赖性"。这种主流观点承认，意识和生命在此前仅以物理现象呈现的领域中所起的作用，其作用还会继续增加，直到它们成为确定的理论框架，而不是令人厌烦的衍生产物。

为此，通过拟议中按比例增大的叠加实验就会看出，在分子、原子和亚原子水平上观测到的怪异的量子效应，在真正的大宏观结构（在桌椅这个层次上）是否也同样强烈。宏观对象是否在受到干扰之前确实以多种状态或多个地点同时存在，直到发生某种方式的混乱，这之后，它们在叠加中坍塌而形成一种结果，对此的证实或否定，是令人感兴趣的。在实验中可能不会发生这种情形，其中有许多原因，其主要原因之一是"噪音"（光和有机体等造成的干扰），但无论出现的结果是什么，应该具有启示性的意义。

其次，与生物中心协同研究的领域，其范围肯定是脑的结构、神经科学，尤其是意识本身。作者对短期的进展抱有期望但并不乐观，其原因在第9章中做过概述。

第三个领域是正在研究中的人工智能，这方面尚处于起步阶段。但是几乎没有人怀疑，在本世纪内，计算机的力量和性能会以几何级数扩展，最终将使研究人员以严肃、实用和有利的方式面对问题。而当这一切发生时，情况就会很明朗：一个"思维装置"（thinking device），需要具有与我们享有的那种时间和建立的空间感相同的运算方法。这种非常精密的回路系统开发出来后，将会揭示出——也许其速度比人脑的研究速度更快——完全取决于观测者的时间和空间的实体和形式。

关注正在进行中的对"自由意志"的实验研究也令人饶有兴趣。生物中心主义既不强求，也不排斥个人的自由意志——尽管自由意志与包罗万象、以意识为基础的宇宙似乎更相协调。本杰明·利贝特等人在2008年基于他们较早的工作所做的实验（本书前面曾经谈及），证明了脑的自身运转使"哪只手抬起来"的选择可以得到探测，其方法是，在受试者"决定"让哪只手抬起来之前，观测者注视脑扫描监视器10秒钟。

最后，必须对创立"大统一理论"（grand unified theories）的无休止的努力作思考。当前，物理学所付出的巨大努力与耗费的时间长得惊人——长达几十年之久——除了对理论家和大学毕业生的谋生之道在经济上有所裨益之外，其他则乏善可陈。但连他们也并非"感觉良好"。约

第20章 我们何去何从?

翰·惠勒坚持认为,有必要把有活的宇宙或意识合并起来,或允许观测者进入这种平衡关系中,以万事万物能够更好运转的方式,在最低限度上产生出一个令人着迷的生命和非生命的混合体。

目前,在生物学、物理学、宇宙学及这些学科的所有分支中,从事该项工作的人总的来说对其他学科知之不多。采用多学科的方法来获得体现生物中心主义的实质性成果,这是可行的。这一结果迟早会发生,作者对此持有乐观态度。

那么,究竟什么是时间呢?

Appendix 1
The Lorentz Transformation

附录 1
洛伦兹转换

科学上最著名的公式之一,出自于 19 世纪末亨德里克·洛伦兹(Hendrik Lorentz)的非凡头脑。这个公式形成了相对论的基础,向我们表明了空间、距离和时间变化无常的性质。它看似很复杂,其实不然:

$$\Delta T = t\sqrt{1 - v^2/c^2}$$

我们用这个表达式来计算感觉到的时间推移的变化。其实这个公式比它看上去简单得多。Δ(德尔塔)表示变化,所以 ΔT 就是你的时间推移的变化——即你自己感觉到的时间变化。t 代表你在这个世上度过的那些时间,比如说 1 年——所以我们要想求的是,对于每一个在布鲁克林的人来说 1 年的时光消逝了,对你来说时间的推移是多少(T)。这个 t 的简单的"1 年"(在此例中)应该乘以最基本的洛伦兹转换,即 1 的平方根减去后面的分数。v^2 是你的速度的自乘,除以光速的自乘 c^2。如果所有的速度都用相应的单位表示,这个公式就会让你知道,你的时间会变得多慢。

在此举一例:如果你以 2 倍于子弹的速度,或每秒 1 英里的速度运行,那么 v^2 为 1×1 或 1,再除以光速(186 282 英里/秒)的平方,得数为 1/35 000 000 000,结果为一个极微小值的小数,实质上就等于零。从等式中的初始值 1 减去这个近于零的数,所得的数实质上还是 1,而由于 1 的平方根还是 1,所以再乘以世上流逝的 1 年,结果自然是 1。这意味着,以 2 倍于子弹的速度,或每秒 1 英里的速度运行,可能看似非常快,而其实极小(指 v^2/c^2 的值),不足以改变时间推移的相对变化。

现在思考一下高速下的情况。如果你以光速运行，分数 v^2/c^2 即 1/1，也即是 1。平方根符号中的表达就是 1 - 1，即 0，0 的平方根为 0，所以现在你用 0 乘以在世上所经历的时间，则结果为 0。没有时间。对你来说，如果以光速运行，时间就凝固不动了。因此，你可以用任何数字来代替 v，而这个公式将会得出，在地球上的一定时间内，一个旅行中的宇航员度过了多少时间。如果用 1 来代替 L(length, 长度) 而不是 V(speed, 速度) 的话，这个公式也能计算出旅行者长度的减小。用这个公式以同样方式来计算质量的增加也有效，但最后你必须除以 1 (得出其倒数)，因为质量与减少的时间和长度不同，而质量随速率的加大而增加。

附录1 的注释

由于补偿现象的动力学机制的原因，就可能会出现问题。观察物质的结构，我们知道，电子每秒钟绕原子核运行数千万亿次（thousands of trillions），原子核中的核粒子每秒旋转数十亿亿次（billions of trillions）。现在我们还知道，核粒子是由称为夸克的更小粒子所组成。到目前为止，物理学家已经层层深入发现了 5 个层次的物质——分子、原子、原子核、强子和夸克。尽管有些科学家认为这个层次系列可能就到此为止了，但可以想象，粒子还会变得越来越小，旋转得更快，物质消失在能量的运动之中。事实上有证据表明，夸克中可能存在结构，但迄今还假定这种结构不存在。

彭加勒（Poincaré）暗示，其解释可能就包含在这个结构的动力学中。测量标尺和时钟运动的奇怪效应从逻辑上来说是由这个事实产生的：物质是由许许多多在结构中移动的能量和在粒子中运转的粒子所组成，并且由于能量的速率不变（光的速率），不改变最初出现在物体内部的结构，这种复合结构就不能改变它们的速度。彭加勒和洛伦兹都是对的：测量中的物体和时钟都不是刚性的。它们确实在压缩，其压缩量必定会随着运动速率而增加。

思考一个物体被加速到光速的情况。我们会立即看到，如果物体内部的能量沿直线运行，它就只能达到这个速度。就机械原理上说，这是因为缩短而产生的结果，因为物体越是缩短，其"被捆绑"在内部的运动在物体运动轴线上的分量就越少。因此，在光速情况下，一个时钟的各个组件彼此之间就不能被认为是在运动。时钟不能与计时共舞。计时必须停止。一个简单的直角三角形结构，加上用同样简单的毕达哥拉斯（Pythagoras）定律就证明：如果时钟内部有运动，那么它的组件在空间中的运动就会比光速快。这也就意味着，质量的变化与缩短的那部分成正比，如洛伦兹证明的那样，像电子这种粒子的质量与它的半径（或体积的变化）成反比。实际上，所有这些变化都能依据洛伦兹和彭加勒的方程式的变化而表现出来（不过，有那么一点小困难——运用高中数学），而方程式在全部狭义相对论中都得到了表达。

因此，很容易以动物感知知觉的形式还原空间和时间。空间和时间属于我们，而不属于物质的世界。爱默生写道："倘若我们在她（自然）面前衡量我们的个人力量，我们极易感到命运弄人。但若我们将自己与工作融为一体，就会感到自己充满了劳作者的心灵，清晨最初那一片宁静会驻留于我们内心，我们会感到重力和化学深不可测的力量，而高居于这一切之上的，则是以最高形式先在于我们的生命。"

Appendix 2
Einstein's Relativity and Biocentrism

附录 2
爱因斯坦相对论与生物中心主义

很容易通过科学方法推导,用一个独立的实体来替换爱因斯坦相对论中扮演核心作用之一的"空间",使相对论得出的实际结论不变并且仍然有效。以下的解释基于物理学,几乎不考虑数学的解释。然而,这种解释是相当枯燥乏味的,我们推荐它主要是为了在公共汽车终点站意外滞留两三个小时的那种场合。

如果我们要用一个命题来补充欧几里得几何学的命题,那就是:在一个事实上的刚体上面的两点,总是与相同的距离(线间距)相对应,与我们可以承受的这个物体的位置的任何变化无关。欧几里德几何学的命题于是就分解为事实上的刚体上的相对位置上的命题。(《相对论》)

人们可能会发现这个空间定义的缺陷。从实际的观点来看,这个定义在非物质的理想化意义上建立了空间的一般概念:完美的刚体。一个"特定的实事上的刚体"这个事实并不会使某个人的理论避免这种理想化的结果。对爱因斯坦来说,空间是某种你用实物去测量的东西,他对空间的客观数学定义有赖于完美的刚性测量标尺。

有人可能会说,这些测量标尺可能会被制作得任意小(越小,就越刚性),但现在我们知道,显微镜的测量标尺的刚性就很小,并不太刚性。用排列单个原子或电子的方法来测量空间这个想法是荒唐可笑的。爱因斯坦的狭义相对论所构想的最佳距离测量的方法可望获得的,是连续的统计平均值。但即使是这个构想也是这个理论自身的折衷,它承认这些测量有赖于观测者与被测量物体之间的相对运动状态。

从哲学的观点看,爱因斯坦假定自己感觉的现象与客观外在实体相符,遵从了物理学家们的重要传统。然而,数学上的客观理想化空间的观念比其实用性更历久不衰。我们认为,把空间描述成外在实体的"突生性"(emergent)特性更为恰当,即一个本质上依赖意识的实体。

作为达成这个目标的第一步,我们来仔细思考一下狭义相对论,诘问它是否能被合理地建构而不依赖刚性测量标尺,甚至不依赖物质实体。让我们看一下爱因斯坦的假设:

1. 对所有观测者来说,真空中的光速都是相同的。
2. 对所有处在惯性运动中的观测者来说,物理定律都是相同的。

速度这一概念意味着客观空间,对于上面两个假设是必不可少的。很难避免这个想法,因为我们能够测量的经验对象,最简单和最容易的事情之一,就是空间的特性。但是,如果我们抛弃了客观空间的先验假设,那给我们剩下来的是什么呢?

给我们剩下来的只有两样东西:时间和物质。如果我们转而向内,考察我们的意识内容,就会明白空间并不是方程式的必要部分。断言称我们的意识在其身体范围之内并没有意义。我们知道自己意识的变化状态(否则思想就不会瞬间即变了),所以,让时间出现是有意义的,因为通常我们把变化解释为时间。

从物理的观点看,意识的实质必须与外在现实的实质相同,意思即大统一场论及其各种低能量的化身。这些化身之一,就是真空场,因为真正的"空无的空间"(empty space)已经被贬为科学史上的堆肥了。

此外,我们可以提出光的存在,更一般地说,是在大统一场论中的持续自我传播的变化。为了简化讨论的语言,由此我们把大统一场简称为"场"(field)。术语"场"应该包括这个场中的一切无质量和自我传播的干扰。

爱因斯坦曾经论及光和空间。我们可以从同等效力(equal validity)的光和时间开始;第一命题毕竟只陈述了空间和时间通过一个基本自然常数而相互联系,这个常数就是光速。所以,如果我们提出场的存在,光通过场而传播,我们就能重新获得空间的定义,这个空间在任何情况下都不依赖物质性的刚性标尺。爱因斯坦本人在他的著作中经常使用这个定义:

附录2 爱因斯坦相对论与生物中心主义

$$距离 = (c\Delta t/2)$$

这里 t 是由观测者发射光脉冲到一个对象上并反射回观测者处所需的时间。既然如此，c 就只是最后必须测量的场的一个基本特性，现在还不必给这个特性赋予物理单位。我们宁可信赖这个观念：场具有一种与光的传播有关的常数特性，光从场的一部分传播至另一部分的过程引起了延迟。这样"距离"就被简单地定义为延迟的线性函数。

当然，如果观测者和对象并不是处于相对运动的话，那么这个定义就只是实用性的。幸运的是，强调用这种方法做的一系列的距离测量是统计上的常数，静止状态就很容易定义了。如果我们假设这个场的布局中至少有一个观测者和几个对象（观测者和对象自然也构成场），那么观测者就能够定义一个如下的空间坐标系：

1. 采用一个反光信号的长序列来确认这些对象，对象之间的距离不会随时间而变化。

2. 如果一个对象或多个远距离的对象都有同样的距离测量，则"方向"的概念也可以定义。在有足够数量的对象的情况下，则可以确定有3种独立的（宏观）方向。

3. 有意识的观测者拟定一个3维的距离坐标系就能形成一个场的模式。

如此，我们看到，可以用下列陈述巧妙地取代爱因斯坦的第一假设：

1. 自然的基本场具有这样的性质：光在场的一部分和另一部分之间传播需要一定时间。

2. 当这种延迟在时间过程中是恒定的，就说场中的两个部分彼此都处于静止状态，两者之间的距离可以定义为 $ct/2$，式中的 c 为场的一个基本性质，此性质最终会用其他方法测量（如它与其他基本自然常数的关系）。

注意，这种距离结构无须对空间做任何先验的假定。我们只假定场的存在，以及它的某些部分可能与其他部分不同。换言之，我们假设场中有多个实体存在（并属于场），它们可以通过光进行交流（这也是场的性质）。

狭义相对论的第二个基石是惯性运动观念。既然从场和光的假设推导出空间坐标和速率的概念，那就直接把惯性运动定义为两个实体关系的特性（观测者和某个外在对象）。如果时间延迟是时间的线性函数，则对象相对于观测者就处于惯性运动，即：

$$距离 = (c\Delta t)/2 = vt$$

我们在此讨论时间的两种不同量度：距离由延迟的时间 Δt 定义，而 t 是从测量过程开始起消逝的全部时间。注意到这一点很有意思：一个对象的距离 d 和速度 v 只能通过一系列时间延迟的离散测量才能得到正确的定义。

要使物理定律与所有的惯性观测者一致，必要条件是场与洛伦兹不变量（Lorentz invariant）相等。其表达方式很多，但是最简单的方式是定义空间-时间的间距 Δs：

$$\Delta s^2 = c^2 \Delta t^2 - \Delta x^2 - \Delta y^2 - \Delta z^2$$

在这个系统中，每个观测者自然会把他/她自己的位置定在 0 点上，所以式中的 Δ（德尔塔）有点儿学究气。

可以认为 Δs 的恒定性是要求多个观测者对场和外在的真实性质达成一致。为了完成狭义相对论，就要充分表明，在每个观测者彼此都处于惯性运动的条件下，无论两个观测者的关系如何，能够就 Δs 达成一致。

就此而论，狭义相对论所有广为人知的结果就随之而来了。最终的结果是，我们已经证明狭义相对论无须刚性，客观的空间概念就能起作用。如果我们以假设统一场而开始，那就足以提出，场中的扰动为处于其中的各个部分提供了自洽的关系（self-consistent relationship）。

以这种方式把空间从假设中提取出来似乎是毫无意义的演练。距离毕竟是一个非常直觉的概念，而量子场却不是。意识显然有根据空间去解释它自身与其他实体关系的自然倾向，谁也不能反对这种结构的实用优势。然而，如在本书导言中指出的那样，在当代理论中，空间的数学抽象曾经盛极一时。为了把广义相对论和量子场理论强行合并为一体，空间正在增多、压缩、量子化，甚至完全解体。空洞的空间曾经被认为是实验科学的胜利

附录2　爱因斯坦相对论与生物中心主义

(具有讽刺性的是,被认为是支撑狭义相对论的伟大结果之一),现在看上去,却像是对20世纪科学的独一无二的误解。

译 注

[1] 艾尔维斯(Elvis),美国20世纪60年代最著名的流行歌唱家,对当时的美国影响巨大。

[2] 虫洞(wormhole),又称爱因斯坦-罗森桥,是宇宙中可能存在的连接两个不同时空的狭窄隧道。虫洞是1930年代由爱因斯坦和罗森在研究引力场时假设的,认为可以通过它做瞬时间的空间转移或时间旅行。

[3] 拉普达(Laputa)是电影《天空之城》中飞行岛屿的名字,《天空之城》是根据乔纳森·斯威夫特(Jonathan Swift)的小说《格列佛游记》(*Gulliver's Travels*)改编的电影,拉普达的名字也是来源于《格列佛游记》中的拉普达岛。

[4] 诺曼·洛克威尔(Norman Rockwell),1894—1978,曾被《纽约时报》誉为"20世纪最受欢迎的艺术家"。洛克威尔的作品纪录了20世纪美国的发展与变迁。他共画了322幅温馨感人又幽默深刻的漫画封面。许多美国人都是看他的作品长大的。

[5] EPR关联(EPR correlations):爱因斯坦、波多尔斯基和罗森1935年为论证量子力学的不完备性而提出的一个悖论,故又称EPR悖论或EPR论证。EPR是这三位物理学家姓的头一个字母。这一悖论涉及到如何理解微观物理实在的问题。爱因斯坦等人认为,如果一个物理理论对物理实在的描述是完备的,那么物理实在的每个要素都必须在其中有它的对应量,即完备性判据。当我们不对体系进行任何干扰,却能确定地预言某个物理量的值时,必定存在着一个物理实在的要素对应于这个物理量,即实在性判据。他们认为,量子力学不满足这些判据,所以是不完备的。

[6] 美国人喜欢用比喻,此处意为吉森立即用实验来印证理论的推测。

[7] 多世界解释(MWI,many worlds interpretation 的缩写)。又称多宇宙理论或多世界论、平行宇宙理论,来自于休·埃弗莱特(Hugh Everett Ⅲ)对量子力学的解释。量子力学的哥本哈根解释认为观测者对微观世界是有

175

影响的。但是把人类意识牵扯到对微观世界的决定上面似乎存在哲学上的重重困难,以至于后来的许多科学家都提出了区别于此的其他解释,其中尤以埃弗莱特的多宇宙理论赢得了众多的支持。

[8]"人择原理"(Anthropic Principle):英国有位名叫布朗敦·卡特(Brandon Carter)的天文物理学家提出的一种宇宙存在的解释:宇宙大爆炸时的一切起始条件、宇宙间的一切自然规律,如果和生命生存的条件有丝毫出入,生命就不可能出现和存在。

[9]薛定谔在1935年发表了一篇论文,题为《量子力学的现状》,在论文的第五节,薛定谔描述了那个常被视为噩梦的猫实验:哥本哈根派说,没有测量之前,一个粒子的状态模糊不清,处于各种可能性的混合叠加。比如一个放射性原子,它何时衰变是完全概率性的。只要没有观察,它便处于衰变/不衰变的叠加状态中,只有确实地测量了,它才会随机的选择一种状态而出现。那么让我们把这个原子放在一个不透明的箱子中让它保持这种叠加状态。现在薛定谔想象了一种结构巧妙的精密装置,每当原子衰变而放出一个中子,它就激发一连串连锁反应,最终结果是打破箱子里的一个毒气瓶,而同时在箱子里的还有一只可怜的猫。事情很明显:如果原子衰变了,那么毒气瓶就被打破,猫就被毒死。要是原子没有衰变,那么猫就好好地活着。

[10]美国重量级拳击冠军乔治·富尔曼代言的美国尚品旗下的专业厨房用炙烤系列产品品牌。

[11]"三公纸牌游戏"(three-card Monte):是源自西班牙的赌牌游戏,3张牌赌1张,将明牌3张翻转并打乱位置,赌者将赌注下在其中一张上,看是否赌中。这里的意思是大众相信科学的真理性和必然性,无须用偶然的思维去认识事物。

[12]埃利亚的芝诺(Zeno of Elea),约公元前490—约公元前430,古希腊哲学家,埃利亚学派的主要代表人物。

[13]地质学的深层时间说(deep time),地质学家表述经历数百上亿年过程使用的计数概念。

[14]大卫·休谟(David Hume),1711—1776,18世纪苏格兰经验主义哲学家、历史学家、经济学家和作家。

[15]亨利·戴维·梭罗(Henry David Thoreau),1817—1862,美国作家、哲学

家,著名散文集《瓦尔登湖》和论文《论公民的不服从权利》的作者。他除了被一些人尊称为第一个环境保护主义者外,还是一位关注人类生存状况的有影响的哲学家,他的著名论文《论公民的不服从权利》影响了托尔斯泰和圣雄甘地。

[16] 唐恩都乐(Dunkin' Dounts),一家出售以面包圈为主的烘烤甜点以及咖啡等食品的快餐店,总公司位于美国,为美国十大快餐连锁品牌之一。

[17] 弗朗切斯科·雷迪(Francesco Redi),1626—1697,意大利医生;拉兹诺·斯帕兰札尼(Lazzaro Spallanzani),1729—1799,意大利博物学家;路易斯·巴斯德(Louis Pasteur),法国化学家及细菌学家。

[18] 石原忍色盲检查表:专为测试色盲而设计的图片,以设计者日本人石原忍而命名,又称石原忍氏色盲检查表。

[19] 宅村区(housing project),英语直译为"住宅计划",指由国家出资营建供低收入家庭居住的房屋。

[20] 伯利恒(Bethlehem),耶稣降生地,今巴勒斯坦地区中部城市。

[21] 大电脑(The Great Computer),20世纪60年代著名的瑞典物理学家汉森·艾耳芬(Hannes Alfven)以笔名奥尔夫·约翰尼森(Olof Johannesson)写了一本名为《大电脑》的精彩著作。这本书详尽地记述了电脑的崛起和演化,以及如何一步一步地取代人类的曲折历史。

[22] 大峡谷(Grand Canyon),美国亚利桑那州西北部科罗拉多河的深谷。泰姬陵(Taj Mahal),印度阿格拉的一座大理石陵墓。

[23] 埃德温·哈勃(Edwin Hubble),描述宇宙膨胀的第一人,他得出了以其名字命名的物理公式。

[24] 威廉·赫歇尔(William Herschel),英格兰天文学家,于1781年发现天王星。

[25] 儒勒·凡尔纳(Jules Verne),法国作家,被称为19世纪科学幻想小说之父。

[26] 安德烈·林德(Andrei Linde),美籍俄裔宇宙学家,现任斯坦福大学教授。他是最早提出暴涨宇宙学的学者之一,并修正了古斯的模型,一直是宇宙学研究的领袖人物之一。

[27] 前景星系(foreground galaxy),视线方向与被观测河外源相近、但距观测者较近的星系。

[28] 赫尔墨斯(Hermes),古希腊神话中的12诸神之一,为神使(偷窥之神);欧西里斯(Osiris),埃及神话中的冥王,是古埃及最重要的神祇之一。

[29] 卢克莱修(Lucretius),公元前96—前55,古罗马哲学家及诗人。

[30] 雷·布莱德伯利(Ray Bradbury),出生于美国伊利诺斯州的沃基甘,是举世公认最伟大的科幻和奇幻小说大师。

[31] 指黄禹锡(1952年12月15日—),韩国著名生物科学家,曾任首尔大学兽医学院首席教授。他对干细胞的研究一度令他成为韩国民族英雄,被视为韩民族摘下诺贝尔奖的希望。2005年12月,他被揭发伪造多项研究成果,韩国举国哗然。黄禹锡发表在《科学》杂志上的干细胞研究成果均属子虚乌有。2009年10月26日,韩国法院裁定,黄禹锡侵吞政府研究经费、非法买卖卵子罪名成立,被判2年徒刑,缓刑3年。

关于作者

罗伯特·兰札

罗伯特·兰札(Robert Lanza)是在心理学家斯金纳(B. F. Skinner)、免疫学家乔纳斯·索尔克(Jonas Salk)和心脏移植先驱克里斯蒂安·伯纳德(Christiaan Barnard)这些科学巨擘的关怀下成长起来的。他的导师把他描述为"天才","叛逆的思想者",甚至把他与爱因斯坦相媲美。

——美国新闻和世界报道,封面故事

关于作者

40多年来,罗伯特·兰札一直致力于科学前沿的探索,被公认为世界上最杰出的科学家。他现在是"高级细胞技术公司"(Advanced Cell Technology)首席科学主管和维克森林大学医学院的兼职教授。他发表了数百篇文章及发明,以及20本科学著作,其中包括《肌体组织工程原理》(Principles of Tissue Engineering),该书被视为该领域中最具权威性的参考书。他的其他成果《一个世界:21世纪人类的健康和生存》(One World: The Health and Survival of the Human Species in the 21th Century,由吉米·卡特总统作序),以及《干细胞手册》(Handbook of Stem Cells)和《干细胞生物学概要》(Essentials of stem Cell Biology),均被认为是干细胞研究的权威参考书。

兰札博士在宾夕法尼亚大学获得学士学位和博士学位,在那里,他既是大学学者(University Scholar),又是本杰明·弗兰克林学者(Benjamin Franklin Scholar)。他还是富布赖特学者(Fulbright Scholar),并且是世界上首个克隆人类胚胎及克隆濒危物种小组的一员,他证明了细胞核移植能够逆转衰老过程,并采用无须破坏人类胚胎的方法产生出了干细胞。兰札博士曾经获得2005年由《连线》杂志(Wired)颁发的医学赞扬奖,以及由《麻省高科技杂志》(Mass High Tech)颁发的2006年生物技术"全明星"奖。

兰札博士和他的研究一向以被世界上几乎所有媒体报道而令人瞩目,其中包括所有重要电视网络,如美国有线电视新闻网络(CNN)、《时代》杂志(Time)、《华尔街日报》(Wall Street Journal)、《华盛顿邮报》(Washington Post)、《洛杉矶时报》(Los Angeles Times),以及《今日美国》(USA Today)。兰札曾经与我们这个时代某些最伟大的思想家共事,包括诺贝尔奖获得者杰拉尔德·埃德尔曼(Gerald Edelman)和罗德尼·皮特(Rodney Porter)。兰札曾经与哈佛大学的斯金纳有过紧密的合作,他与斯金纳("现代行为主义之父")共同发表过大量科学论文。他还与乔纳斯·索尔克(脊髓灰质炎疫苗的发现者)和心脏移植先驱克里斯蒂安·伯纳德一道工作过。

鲍勃·伯曼

"这是一个让人着迷的家伙。"

——戴维·莱特曼(David Letterma)

"系好你的安全带,抓紧把手。"

——《天文学》杂志(Astronomy magazine)

鲍勃·伯曼(Bob Berman)是世界上拥有最多读者的天文学家,发表过 1 000 多篇文章。其文章发表于《探索》(Discover)和《天文学》杂志(Astronomy magazine)。为《天文学》杂志每月专栏作家,也是《老农民年历》(The Old Farmer's Almanac)天文部分的主编,并有 4 部著作。他是玛丽山学院(Marymount College)的天文学兼职教授,并为东北公共广播电台(Northeast Public Radio)撰写和制作每周节目,并在该台的周末版时间播出。

果壳书斋　　科学可以这样看丛书（39本）

门外汉都能读懂的世界科学名著。在学者的陪同下，作一次奇妙的科学之旅。他们的见解可将我们的想象力推向极限！

序号	书名	作者	价格
1	平行宇宙（新版）	〔美〕加来道雄	43.80元
2	超空间	〔美〕加来道雄	59.80元
3	物理学的未来	〔美〕加来道雄	53.80元
4	心灵的未来	〔美〕加来道雄	48.80元
5	超弦论	〔美〕加来道雄	39.80元
6	量子时代	〔英〕布莱恩·克莱格	45.80元
7	十大物理学家	〔英〕布莱恩·克莱格	39.80元
8	构造时间机器	〔英〕布莱恩·克莱格	39.80元
9	科学大浩劫	〔英〕布莱恩·克莱格	45.00元
10	量子宇宙	〔英〕布莱恩·考克斯等	32.80元
11	生物中心主义	〔美〕罗伯特·兰札等	32.80元
12	终极理论（第二版）	〔加〕马克·麦卡琴	57.80元
13	遗传的革命	〔英〕内莎·凯里	39.80元
14	垃圾DNA	〔英〕内莎·凯里	39.80元
15	量子理论	〔英〕曼吉特·库马尔	55.80元
16	达尔文的黑匣子	〔美〕迈克尔·J.贝希	42.80元
17	行走零度（修订版）	〔美〕切特·雷莫	32.80元
18	领悟我们的宇宙（彩版）	〔美〕斯泰茜·帕伦等	168.00元
19	达尔文的疑问	〔美〕斯蒂芬·迈耶	59.80元
20	物种之神	〔南非〕迈克尔·特林格	59.80元
21	失落的非洲寺庙（彩版）	〔南非〕迈克尔·特林格	88.00元
22	抑癌基因	〔英〕休·阿姆斯特朗	39.80元
23	暴力解剖	〔英〕阿德里安·雷恩	68.80元
24	奇异宇宙与时间现实	〔美〕李·斯莫林等	59.80元
25	机器消灭秘密	〔美〕安迪·格林伯格	49.80元
26	量子创造力	〔美〕阿米特·哥斯瓦米	39.80元
27	宇宙探索	〔美〕尼尔·德格拉斯·泰森	45.00元
28	不确定的边缘	〔英〕迈克尔·布鲁克斯	42.80元
29	自由基	〔英〕迈克尔·布鲁克斯	42.80元
30	阿尔茨海默症有救了	〔美〕玛丽·T.纽波特	65.80元
31	搞不懂的13件事	〔英〕迈克尔·布鲁克斯	预估49.80元
32	超感官知觉	〔英〕布莱恩·克莱格	预估39.80元
33	宇宙中的相对论	〔英〕布莱恩·克莱格	预估42.80元
34	哲学大对话	〔美〕诺曼·梅尔赫特	预估128.00元
35	血液礼赞	〔英〕罗丝·乔治	预估49.80元
36	语言、认知和人体本性	〔美〕史蒂芬·平克	预估88.80元
37	修改基因	〔英〕内莎·凯里	预估42.80元
38	麦克斯韦妖	〔英〕布莱恩·克莱格	预估42.80元
39	生命新构件	贾乙	预估42.80元

欢迎加入平行宇宙读者群·果壳书斋QQ：484863244
邮购：重庆出版社天猫旗舰店、渝书坊微商城。
各地书店、网上书店有售。

扫描二维码
可直接购买